定见未来

MIND SET !

Reset Your Thinking and See the Future

正确观察世界的11个思维模式

（《世界大趋势》新版）

[美] 约翰 · 奈斯比特（John Naisbitt）◎著

魏平◎译

中信出版集团 · 北京

图书在版编目（CIP）数据

定见未来：正确观察世界的 11 个思维模式 /（美）约翰·奈斯比特著；魏平译 . -- 北京：中信出版社，2018.1（2019. 4重印）

书名原文：Mind Set! Reset Your Thinking and See the Future

ISBN 978-7-5086-8016-3

I. ①定… II. ①约… ②魏… III. ①世界经济－研究 IV. ① F11

中国版本图书馆 CIP 数据核字（2017）第 198815 号

定见未来：正确观察世界的 11 个思维模式

著　　者：[美] 约翰·奈斯比特
译　　者：魏　平
出版发行：中信出版集团股份有限公司
（北京市朝阳区惠新东街甲 4 号富盛大厦 2 座　邮编　100029）
承 印 者：河北鹏润印刷有限公司

开　　本：880mm × 1230mm　1/32　　印　　张：9.75　　字　　数：179 千字
版　　次：2018 年 1 月第 1 版　　印　　次：2019 年 4 月第 4 次印刷
京权图字：01-2006-4239　　广告经营许可证：京朝工商广字第 8087 号
书　　号：ISBN 978-7-5086-8016-3
定　　价：59.00 元

服务热线：400-600-8099
投稿邮箱：author@citicpub.com

行成于思，毁于随。

——中国谚语

献给我的妻子多丽丝

目 录

第三章
思维模式 3　要认真把握媒体统计数据

第四章
思维模式 4　勇于追求，错又何妨

第五章
思维模式 5　把未来看作一幅拼图

第六章
思维模式 6　不要走得太快，免得让人不知道你在哪里

目　录

第二部分　未来世界大趋势

第十二章
经济：从国家到经济行业

第十三章
欧洲：双重保证的衰落

第十五章
文化：视觉文化正在占领世界

第十六章
进化时代：创新的蓄水池

引　言

蛇吞象

那是一个安静的冬日夜晚，我和小孙子伊莱一起坐在火炉旁，为他读安东尼·德·圣–埃克苏佩里（Antoine de Saint-Exupéry）的经典著作《小王子》（*The Little Prince*）。

故事的开头讲的是一个6岁的小男孩被一本关于丛林的书所吸引，于是画了一幅画。对他来说，这幅画再简单不过了，就是一条吞下了大象的蟒蛇。但令他惊讶的是，大人们都看不明白，都认为这仅仅是一顶帽子！他不得不重新画了一幅，好让大人们能够看明白。直到他遇到小王子，他才找到了一个和自己视角相同的人：只有小王子看出第一幅画就是一条吞下大象的蟒蛇。对我来说，这真是一个不错的比喻。

这幅画形象地指出了人们的思维对视角的限制。一旦摆脱了固有思想的束缚，我们就可以看清楚眼前的事物了，比如上面的故事中就是一条吞下大象的蟒蛇。

序　言

我是在美国犹他州的一个甜菜农场长大的。那个叫格伦伍德的摩门部落中大约有200多人，其中大部分都是我的亲戚。我们的村庄被犹他州的群山包围着，交通十分闭塞。村民的生活完全被摩门教的教规统治着。我的命运早就注定了——成为一名传教士。教会派我到哪里，我就要去哪里待上两年时间，因为毕竟我们是无法拒绝上帝的召唤的。

我第一次对这种生活产生疑问的时候还只是一个小孩子。当时我的耳朵长期发炎，疼痛难忍，直到阿诺德叔叔来看望我，并在违反了一条摩门教教规的情况下为我治疗，我的病情才有所好转。尽管摩门教严禁抽烟，阿诺德叔叔却是个烟民。他用烟熏我发炎的耳朵，这样治疗了一年多，竟然取得了奇效。耳朵中的疼痛减轻了，我也不再老是想着耳朵的疼痛了。我还清楚地记得有三四个德高望重的叔叔经常用“按手”[①] 的方法为我祈祷、治病，但是都没有阿诺德叔叔采取的办法疗效好。

于是我开始怀疑周围的世界，对于探索的渴望越来越强烈。这个世界上还有多少事情是我的幼小的心灵所不知道的呢？我开始质疑自己是否应该服从命运的安排。

好奇心就是探索的开始，我很快就确信自己非常渴望走出犹他州。17 岁的时候，一个机会展现在我面前，我加入了海军。他们的宣传语“周游世界”的意义实际上比他们所理解的还要深远。直到我开始读书的时候，一个新的世界才真正向我敞开了大门。在这个世界中，似乎一切皆有可能。

从我离开犹他州开始，这个世界就像书本一样，一页页展开在我面前。每一页都有新的知识供我学习。

许多年过去了，现在回想起来，正是好奇心促成了我丰富多彩的经历。在海军的时候，在犹他大学作为学生会主席为言论自由和公民权利而斗争的“激进岁月”里，在哈佛大学和康奈尔大学学习的时候，作为《西方名著入门》（*Great Books Foundation*）的编辑在罗伯特·哈钦斯（Robert Hutchins）和莫蒂默·阿德勒（Mortimer Adler）的领导下工作的时候，以及在公司工作的三年时间里，只要我感觉自己的学习曲线不再上升，我就会选择离开。

25 岁的时候，我开始竞选国会议员，直到后来奋斗到华盛顿，

---

① 耶稣以按手代表医治与祝福，门徒以按手表示医治。——译者注

肯尼迪总统任命我为教育部助理部长，这些政界经历使我学会了政治这门“可能性艺术”。1963 年 11 月肯尼迪总统被刺杀后，我继续留在华盛顿，担任卫生、教育与福利部部长约翰·加德纳（John Gardner）的助理，后来还曾进入白宫，为约翰逊总统负责过一些特别项目。

20 世纪 60 年代可能是美国自内战以来最动荡的时期。人们放火焚烧建筑、旗帜，整个“美利坚公司”陷入了恐慌之中。参加民权和反战运动的数百万人涌上街头抗议示威，几百所大学也被学生们占领了。

1964 年 7 月，约翰逊总统签署了《民权法案》来“消除美国最后的不公平现象”，一系列法律法规也随之诞生。1965 年，约翰逊总统请我调查他的“伟大社会”施政目标对于美国社会的影响。尽管这是一项非常有意思的任务，但我们似乎根本不可能理清当时的形势，更不要说预测对于美国将来的影响了。而且，我再也不能忍受约翰逊总统不惜一切代价赢得越南战争的狂热思想（他曾经说过“我绝不会是第一个卷起尾巴逃跑的美国总统”）。于是我离开了白宫，接受了国际商用机器公司（IBM）的邀请，成为主席汤姆·沃森（Tom Watson）的助理。

1967 年 4 月，底特律爆发了种族骚乱。那年夏天，黑人权利的倡导者开始宣扬武装革命，骚乱席卷了整个美国。约翰逊总统还命令 4 700 名伞兵空降在因为骚乱而近乎瘫痪的底特律市。当时的底特律市市长卡瓦诺（Cavanaugh）形容道：“这里就像 1945 年的柏林。”总统还下令国民警卫队下属的所有部门都要进行反暴乱的训练。第二年，马丁·路德·金和博比·肯尼迪被暗杀的事件加剧了骚乱。大约就是从那时开始，人们不再使用“黑鬼”这个词语，转而使用“黑人”。美国的所有城市都是一片狼藉，企业界也都茫然不知所措。国家的动荡促使我极力想寻求一种可以监测国家转型的方法，但我怎样才能真正看到美国的未来呢?

有一天，我在芝加哥郊外的一个报亭买了一份《西雅图时报》（*Seattle Times*）。报纸上的大标题讲的是当地的学校董事会已经投票通过了一系列新的改革计划。我接着浏览了一下这个报亭出售的美国各地的报纸上关于当地新闻的大标题。突然，我意识到，如果每天都能够阅读这些地方报纸，那么我就可能会发现国家的一些新趋势，就能够了解美国现在的形势了。我终于找到了一个好办法，真是谢天谢地。

我的冒险精神又一次跳了出来，于是我离开了国际商用机器公司和汤姆·沃森，离开了那个令许多同事羡慕的职位。我用离职的薪水开了自己的公司：城市研究公司。

不久，越来越多的员工和我一起开始对160种地方报纸进行分类、分析。我们的理念认为，各个地方所发生的事件的总和就是我们国家的现状。我根据自己的经历和当时的思维方式对众多事件进行分析和整理。然后，我们把所发现的情况总结起来，作为期刊发行，期刊的名称为《城市危机监测》（*Urban Crisis Monitor*）。很快，许多公司开始订阅这本期刊，我也开始就自己对美国形势和趋势的理解四处演讲。

在接下来的10年中，我一直和许多大公司合作，并通过我们的内容分析方法了解这个社会。通过高度地方化的数据库，我目睹着一个新型社会的大体轮廓在慢慢形成，也对美国未来的发展方向形成了一些看法。

尽管对我来说，许多趋势都是确定无疑的，但很多人在当时都没有认同我的预言。我还冒着得罪专家的风险，他们很可能会认为仅仅从变化的角度来研究这个世界是一种过于简单的做法。但是当时，我认为这种风险是值得的。在一个日趋复杂、用冷冰冰的方法来分析周围事件与思想、信息量如此庞大，以至个人的声音变得微不足道的世界中，我认为我们是急需组织结构的。有了简单的框架，我们才能开始了解这个世界。随着社会的发展，我们也可以随时对这个框架进行修正。正是这些思想促成了《大趋势》（*Megatrends*）这本书的出版。

《大趋势》一书的销量达上千万册。随后我又出版了《改造企业》（*Reinventing the Corporation*）和其他几本书，其中包括《2000年大趋势》（*Megatrends* 2000）。我的讲座和演讲遍布七大洲，不管走到哪里，记者、政治家和企业界都会问："下一个大趋势是什么呢？"我的听众都想知道，到2030年我们的世界会是什么样子，他们还会不依不饶地提问："你是怎么知道的呢？你是如何进行你的工作的呢？"

定见未来

> 对于一个拿着锤子的小男孩来说，所有东西看起来都像是一根钉子。

一天下午，我的朋友托尼·奥夫纳（Toni Ofner）一直在追问我是如何进行自己的工作的。我回答说，自己收集了大量信息，阅读了许多报纸，还与世界各地不同文化背景的人交流思想与观念，所有这一切都帮助我了解世界发展的趋势。

“那么，”他说，“照你说的那样，如果未来隐含于现在的生活中，而且如果我仔细观察当今世界的形势，那么我应该得出和你一样的结论。但事实上，我并没有得出同你一样的结论。究竟是什么造成了这种差异呢？”

我沉思了一会儿，其实我还真没有考虑过这个问题。但思考了一会儿，我就明白了。这种差异并不是因为我们所了解的事实有所不同，而是我们看待这些事实的方式不同。“托尼，”我说，“我想是因为我们的思维模式不同。”我意识到，许多年来，我已经形成了固有的原则来训练自己的思维、过滤周围的信息。我凭借自己的经验、价值观和思维模式来衡量所接收的信息，其他所有人也是如此。“你所说的，”托尼回答道，“似乎就像是同样的雨落在不同的土壤上，会长出不同的植物一样。”

他说的没错。的确，思维模式就像是雨水（信息）所灌溉的土壤，土壤的不同会导致生长的植物的不同，而思维模式的不同会促使人们得出的结论不同。思维模式就是我们接收信息的方式，这才是问题的关键。

我们继续讨论着。我开始思考帮助或阻碍自己进步的最有力和最重要的思维模式。后来，我萌生了一个想法，我想写一本关于思维模式及它如何帮助我预测未来的书。

从国际大事到人际关系，几乎所有领域中进行的判断都与思维模式有关。比如，如果一个妻子认为自己的丈夫是个花花公子，那她就会按照这种眼光来判断所接收到的信息。这种思维模式决定了她对于信息的理解方式以及她的反应。而如果一个妻子认为自己的丈夫忠诚可靠，那么她在接收同样信息时就会有不同的理解方式及反应。当然，这仅仅是思维模式在微观层面上的反应。

在宏观层面上，许多人的思维模式都认为世界正处于一个“文明冲突期”，他们总是在这个框架内理解问题。而其他人，包括我自己在内，所持的都是经济决定论的思维模式，我们都认为经济会在很长一段时间内决定世界的走势。

当然，人们有些思维模式是大体一致的。例如，人们都认为，政客都是骗子；把业务外包到印度无异于剥夺美国人的工作机会；猫是最干净的宠物；全球变暖是对人类可持续发展的威胁等。

在这本书中，我并不想讨论文化适应或者社会高压所驱动的思维模式。我所讨论的思维模式只有一个特定目的，那就是帮助大家培养可以指导、管理个人生活和事业的思维模式。因此，这本书不仅会为大家提供一个关于未来50年的框架与展望，还会告诉大家预测未来、面对未来所不可缺少的基本态度。

第一部分　思维模式：把握未来大趋势

思维模式就像天空中不变的星星，当我们思绪的小船畅游在信息海洋时，它们可以为我们指引方向，从而帮助我们沿着正确的航程安全地到达目的地。我在本书第一部分所描述的思维模式帮助我调整、纠正自己的思维，为我打破思维的局限，并帮助我最大限度地利用所收集的信息。如果没有这些思维模式，我就不可能得出《大趋势》及《2000 年大趋势》中的结论。我处理事务的方法、处理信息与经验的方式才是问题的关键所在。

在本书中，我介绍了 11 种思维模式，也许每个人都能够从中发现对自己有益的某一种。如果需要对这些思维模式按照重要顺序排列的话，我个人会把“勇于追求，错又何妨”排在首位。这种思维模式适用于任何商业领域和个人生活，对于任何事业的成功都是必不可少的。这种思维模式可以帮助你敢于大声发言或者勇于尝试，不管你的努力在当时看来有多么不切实际。也正是这种思维模式推动了《大趋势》和随后一系列著作的成功。总之，这是一种可以推进创造性思维的思维模式。

排在第二位的是“不要走得太快，免得让人不知道你在哪里”。这句话听起来显而易见，非常简单，但是本书后面的例子会证明，想要做到并没有那么容易。在生活中的所有领域，在商界、政界或者在领导阶层中，这一思维模式都会提醒人们不要太超前，以免自己的言行不被人们理解，从而失去效力。

在日常生活中，所有的思维模式都是互相融合、共同工作的，都能够帮助我们透过复杂的现象看到本质，使我们不仅能够看到那顶帽子，还可以看到吞下大象的蟒蛇。你会发现，思维模式这一认知工具是可以改造你的生活和事业的。

第二部分　未来世界大趋势

我们都喜欢展望未来，希望能够弄清楚这个纷繁复杂的世界。“未来会是什么样子”这个问题经常会被人们提起。本书的第二部分就将给你一个答案。它将探讨社会发展的主要趋势，以及这些趋势对我们的事业与生活的影响。

在一个文化水平不断降低，视觉交流占主导地位的世界里，商业、贸易、制造业和服务业将会受到怎样的影响呢？国家的形势与经济指标对你的事业和生活还那么重要吗？处于理想与现实矛盾之中的欧洲将会走向何方呢？中国，这个无处不在的争夺大家工作机会的国家，会成为吞噬我们的巨龙，还是会被我们驯服呢？媒体上宣传的“下一个大事件”会实现吗？

我对未来的展望并不是单纯的猜想，而是在本书第一部分所探讨的思维模式的指导下，基于对现实分析的基础上得出的结论。看完本书之后，大家就能够明白我得出某个结论的原因，明白我并没有拘泥于细节而丧失全局观。我的展望会为你提供一个框架，你可以把它应用在自己所关心的领域之中，从而受益于未来。

第一部分

思维模式：把握未来大趋势

很多情况下，发生变化的并不是事物本身，而是我们做事的方式。不管别人的宣扬是如何铺天盖地，只要我们能够分辨出常量与变量，我们就能够有效地应对新的市场，并且从变化中获利。

世界未来的变革与趋势都是隐含在现实与历史中的。回顾历史，我们不难发现这一点。但这并不是我们的目的，我们需要做的是预测未来。想要完成这一目标，我们就需要置身事外、耳聪目明。

如果你追求完美，那么你就把自己困在了一个小圈子里。一旦你开始允许自己犯错误，你就会感觉自己像是遨游在自由的天地中，视线豁然开朗。

让公众明白变革的好处是那些引领潮流的人们的责任。领导者如果想要成功地实现变革，就必须要让下属明白变革的好处。普通民众并不是变革的倡导者，除非他们真的相信变革能给自己带来好处，否则他们是不会支持的。

第一章

思维模式 1
很多事情变了，但大多数事情没有变

变与不变的逻辑

2006 年 8 月 8 日，亚马逊网站列出的所有书目中，有 56 170 本图书的名字都与变化有关，其中 11 195 本与商业变化有关，2 404 本与全球变化有关。不计其数的报纸、杂志和电视新闻频道更是如此，它们都宣扬一切事物都在变化之中。那么，在这个世界上谁又能跟得上变化的潮流呢？没有人可以。

但是不要担心。

考虑一下这个事实吧：大部分企业都处于稳定状态，日复一日，年复一年，都是如此。的确，产品和市场已经发生了改变，绝大多数得到了改善，我们使用的工具也已经改变。尽管商业图书如雪崩般大量出现，而商业操作，也就是买卖的基本要素，以及为了生存而赢利的目的，在我所观察的40年里却没有多大变化。

不管手机是否能够用来看电视，互联网是否能够进行通话，浴缸是否能够在你脱衣服的时候就自动放水，冰箱是否能够在听到你肚子咕咕叫的时候自动开门，发生改变的都只是我们的生活方式，它们变得更加方便、快捷，但是我们生活的基本要素并没有改变。我们上学、结婚、生子，然后再把孩子送去上学，这并不会因为学校改革而发生变化。家庭和工作都是最重要的常量。

现在，甜菜农场的生活与我小时候并没有多大不同。尽管现代化的设备减轻了人们播种和收获的劳动量，但和原来一样，季节仍旧决定着生活的节奏。大部分农民还在用牲畜耕作，只不过当时用来运输和耕作的马现在更多的时候都供人们娱乐了。在生活的起起落落中，我的父母一直在努力维持生活，努力使孩子接受教育，他们是在利用他们那个时代的资源做那个时代最平常的事情。

在11卷的《世界文明史》（*Story of Civilization*）一书的开头，威尔·杜兰特和艾丽尔·杜兰特（Will and Ariel Durant）写道：

> 文明就像是一条筑有河岸的河流。河流中流淌的鲜血是人们相互残杀、偷窃、争斗的结果，这些通常就是历史学家们所记录的内容。而他们没有注意的是，在河岸上，人们建立家园，相亲相爱，养育子女，歌唱，谱写诗歌，甚至创作雕塑。

文明史就是对河岸上人们生活的记录。

变化的是方式，不变的是内容

你曾经罗列过已经发生的变化和未来的变化趋势吗？请注意，我说的不是我们做事方式的变化，而是事情本身的变化。

让我们再次回到农场的例子上，发生变化的只是耕作的方式，耕作本身并没有消失。农民适应新技术和顾客不断变化的需求的能力，决定了他们是否能够取得进步。尽管他们耕作的方式发生了变化，但他们还是农民，这一点并没有变。有些人适应了不断变化的需求，就像 Chino’s，他们精美的有机蔬菜和水果被许多著名大厨如旧金山的沃尔夫冈 · 帕克（Wolfgang Puck）选中，成为烹饪美味佳肴的上品。还有一些人，因为各种各样的原因没能成功，已经放弃了耕种。

很多情况下，发生变化的并不是事物本身，而是我们的做事方式。不管别人的宣扬是如何铺天盖地，只要我们能够分辨出常量与变量，我们就能够有效地应对新的市场，并从变化中获利。

体育运动总能为我们提供很好的例子。

团体运动的规则基本上是一成不变的，只是偶尔会有一些细微的变化。体育运动所改变的经常只是运动的技巧。体育界一个著名的重大变化，就是 20 世纪 20 年代美国著名橄榄球教练克努特 · 罗克尼（Knute Rockne）所提出的现代“前抛”技术的普及，但这并没有改变底线得分的规则，只是队员到达底线的方式发生了变化。

一名运动员的风格有时候也会改变某项运动。

1936 年 12 月 30 日夜晚，17 500 多名观众涌入纽约市的麦迪逊广场花园观看美国当时的最佳球队——已经连胜 43 场的长岛大学队与防守型的太平洋海岸联盟冠军斯坦福大学队的巅峰对决。最终斯坦福大学队以 45：31 的比分终止了长岛大学队的连胜局面，但是本场比赛的看点并不在此。

其实，大部分观众都是来看斯坦福大学二年级学生汉克·路易塞蒂（Hank Luisetti）的比赛的。他身高 6 英尺[①]2 英寸[②]，体重 185 磅[③]，是当时唯一一个打破传统投篮方式、在空中单手投篮的篮球运动员，而其他运动员都还是按照传统方式双手投篮或者钩手投篮。大众对于单手投篮的喜爱并没有改变篮球进入篮筐才得分的规则，却改变了运动员们的投篮技术。当然，这一改变也遭遇了强烈的反对，当时的篮球界普遍认为单手投篮是不合规矩的。“这不是在打篮球，”纽约大学的传奇教练纳特·霍尔曼（Nat Holman）当时说道，“如果我的队员这样打篮球，那么我宁愿辞职。”

路易塞蒂在 1937 年和 1938 年两次被推选为“年度最佳大学生运动员”，而且后来在美联社的 20 世纪上半叶最佳篮球运动员调查得票中仅次于乔治·麦肯（George Mikan），位列第二。

汉克·路易塞蒂于 2002 年 12 月 17 日去世，长寿的他幸运地看到了自己所创的单手投篮技术被埃尔·门罗（Earl Monroe）、朱利叶

---

① 1 英尺 ≈0.30 米。——编者注

② 1 英寸 ≈2.54 厘米。——编者注

③ 1 磅 ≈0.45 公斤。——编者注

斯·欧文（Julius Erving），当然还有迈克尔·乔丹等球星完善并且发扬光大。

技术上的改变经常会带来无穷的发展潜力。美国田径运动员迪克·福斯布里（Dick Fosbury）就为跳高开创了一个背跃式新纪元。传统的跳高方式都是面向横杆，一条腿先跨过去，另一条腿再跟进，而福斯布里跳跃的时候是背对横杆，身体弯成弓形先过杆，腿再跟过去，然后用肩膀着地。福斯布里是在俄勒冈州梅德福市读中学时开始练习跳高的，教练所传授的就是那种传统的跨杆方法。在他开始寻求自己的新方式之前，福斯布里的成绩一直非常一般。其实，他并没有考虑传统的跳高方式。"我甚至都没有多想，"他说，"这是一种积极的思维，它就这样从我脑子里冒了出来。"

在 1968 年的墨西哥城奥运会上，这种新型跳高方式帮助他越过一个个高度，到达了 2.13 米，观众的目光也投向了这位独特的运动员。最终，他在第三跳时越过了 2.24 米的横杆，获得了奥运会金牌，也刷新了奥运会纪录。

跳高成绩的大幅度提高所依赖的不只是这种新的跳高技术。这项技术正是由于着陆点的改善才得以实现：大型橡胶垫代替了原来的沙坑，保证了运动员在头先着地的时候不会受致命伤。尽管跳高这项运动本身并没有发生变化，但是福斯布里所创新的跳跃方式"福斯布里跳跃"已经成为该领域普遍采用的方式，它所创造的成绩是传统方式所无法比拟的。

变化并不代表发展

我们经常会听到或者看到这样一句话——“唯一不变的是变化”。这句话既有正面影响，也有负面影响。正面影响是对那些趋势研究者们来说的。而同时，它还会使人们因为无所不在的变化而歇斯底里。比如，在 20 世纪 90 年代末，人们似乎都认为电子商务会彻底颠覆传统生活。当时的潮流就是卖掉你所有的零售连锁店的股票，彻底告别传统的经营方式。

人们总是认为时尚是不断变化的，而我却要说，大部分时尚都是昙花一现。时尚界也有许多一成不变的因素，当然我指的并不是黑色小礼服。比如说牛仔服装的流行就已经持续了 150 多年，其中的 100 多年都是 Levi’s 的天下，后来人们的选择才越来越多。现在几乎每一个时装设计师都会设计一些牛仔服装。

男性时尚市场最大的福音就是男性时尚的稳定性。在这个市场中，人们不必挖空心思进行创新。男性时尚市场不同于女性时尚市场，尽管它有时也会出现细微变化，但总体来说还是相当稳定。根据我多年的经验，男性时尚唯一的变化就是每 20 年男性领带的宽度会有所改变。相对于女性时尚，世上的大部分事物更类似于男性时尚。

香水的流行也像女性时尚一样反复无常。它的寿命经常和它的香味一样令人难以琢磨。在 100 款新香水中，95 款都会迅速地销声匿迹。但是，各个公司还是不断推出新款香水，因为香水的利润实在太丰厚。如果它有幸成为流行的 5 款香水之一，那么带来的利润就十分可观了。时尚的最大变化就是它与艺术和建筑的结合越来越紧密，它们已经成为一种新的视觉艺术体验。在本书第二部分第十五章中你将会了解更多这方面的信息。

2005 年 11 月，可口可乐公司宣布停止香草可乐的生产，这意味着又一个新品种的夭折。在每年推出的 30 000 种消费新产品中，90% 的品种都会很快消失。顾客们的反应似乎是“目前的产品已经能够满足我们的需要了”。在 1994 年出版的《基业长青》（*Built to Last*）一书中，吉姆 · 柯林斯（Jim Collins）和杰里 · 波勒斯（Jerry Porras）揭穿了“变化的神话”，强调了持续的重要性。他们在书中写道：“一个有远见的公司会像信奉宗教一样坚持自己核心的意识形态，它们的变化很少。核心价值观构成了公司坚实的基础，它们并不因为一时的时尚或者趋势而随波逐流。”

在商业领域，新技术有时也会带来新的稳定性，就像体育运动一样。20 世纪 80 年代，受到日本抢占全球市场的威胁，“程序管理”开始在美国盛行，其中的明星产品、由摩托罗拉的比尔 · 史密斯（Bill Smith）所倡导“六西格玛”也成为质量管理系统中新的通用体系。现在，它最大的倡导者，美国通用电气公司前总裁杰克 · 韦尔奇（Jack Weich）已经退休，这一体系也开始走下坡路。现在许多人都认为它阻碍了创造性的发挥。尽管如此，它还是盛行了 25 年。

满天下都是新鲜事

很久之前，在公元前3000年的时候，所罗门国王曾经写下过这样的名句："已有的事，后必再有；已行的事，后必再行。日光之下，并无新事。"

而现在人们经常说的是，满天下都是新鲜事。

从2005年初开始，《新闻周刊》在一则大规模投放的广告中援引了它的天才国际事务编辑法里德·扎卡利亚（Fareed Zakaria）的一句话："21世纪是一个充满变革的时代。未来10年发生的变革甚至要多于过去100年发生变革的总和。对此，大部分国家都还没有做好准备，美国当然也没有。"

这样的评论不在少数，因此难怪人们会如此关注未来，急切地寻找变革的迹象，希望能够从中了解未来发展的趋势。法里德·扎卡利亚可能比我们更有远见，但是他并没有做任何定量分析：计算过去100年来发生的变革就已经够复杂的了，但更麻烦的是，我们现在根本无法列举出未来10年内可能发生的变革。因此，这只是扎卡利亚夺人眼球的大胆预言罢了。对我来说，这种论断过于简单，我并不认为它有任何益处。我认为，人们还不如列举出自己所认为的在未来10年可能发生的变革和可能不会发生变化的事物。"唯一不变的是变化"这一论断虽然非常普遍，却十分荒谬。我认为，起码在商业领域中，这一论断是无法成立的。

变革的基因一直围绕着永恒而转动

变革是媒体的生命线。媒体间的竞争和适时报道决定了它不得不宣扬变革，但是新闻的质量和意义是依赖于观众的需求的，很容易沦为琐事和细枝末节。

本书介绍这 11 种思维模式的目的，就是帮助大家不要被琐事牵绊，而是要牢牢盯住那些已经或者将要对我们的生活产生重大影响的事件。

我们中的大部分人都不是在猎取新闻和变革，而是想探寻未来的方向，想在一个纷繁复杂的世界中擦亮自己的眼睛。在这一过程中，重要的不是信息的数量，而是质量。不管我们接触到什么样的信息，都应该区分表面变化和实际变化、本质变化和一时的时尚，我们应该时刻记住，在世界历史上，大部分事物都是稳定的。

区分：要素与修饰

规则与技巧

趋势与时尚

突破与改进

第二章

思维模式 2
未来存在现实之中

仰望天空的约翰尼

在上学的路上
约翰尼总是
抬头望着天空
和上面高高飘浮的云彩

但是他从来没有想过
在前面的路上
会有什么在等待着自己

有一天，一只小狗跑过来
约翰尼的眼睛却还在望着天空
他们撞在一起
摔了个大跟头

马克·吐温翻译的这首德国童话诗歌《仰望天空的约翰尼》为我们形象地描述了一个游离于周围环境之外的小男孩。在我看来，我们中的许多人很像这首诗中的约翰尼，急切地寻找未来，却在现实中摔了大跟头。马克·吐温很可能是于19世纪90年代在欧洲旅行时读到这首小诗的，当时他曾在维也纳逗留了1年零8个月。

那个时期的欧洲诞生了许多导向性、前瞻性的思维与理论，建筑师、诗人和画家都在反抗传统。奥托·瓦格纳（Otto Wagner）、阿道夫·路斯（Adolf Loos）和约瑟夫·霍夫曼（Josef Hoffmann）创建了新艺术流派和革命性建筑流派，古斯塔夫·克里姆特（Gustav Klimt）和他的同事们开始构建“燃烧的现代艺术之河”，西格蒙德·弗洛伊德在研究潜意识后成为精神分析之父。当今世界的许多萌芽都源于那时。

虽然发展的进程被两次世界大战所打断，但是前进的道路仍在继续向前延伸。伟大的经济学家约翰·梅纳德·凯恩斯曾经预言，战争赔款将会加深德国的战争创伤。他曾经仔细研究过“一战”后的社会现实，并因此提出了事后证明是正确的警告。

他曾经在“一战”后参加过缔结凡尔赛和约的谈判，当时十分反对要求德国进行巨额赔款。在1919年出版的《和平的经济后果》（*The Economic Consequences of the Peace*）一书中，他曾预言德国的巨额战争赔款将会导致大的灾难，后来果然得到了应验。尽管他的想法在现在看来是十分有道理的，在当时却因为各种原因遭到摒弃。

他的著作证明对于现实的客观，无偏见的研究是可以揭示未来的。来自政治家和同事们的敌意和否定也证明了某些心态是会蒙蔽和欺骗人们的视线的。

我们需要意识到一个简单的事实：预测未来最可靠的方法就是立足现实，在坚实的事实基础之上进行思考，这也是我撰写所有书籍的基本原则。未来是存在现实之中的，但这并不意味着我们一定要研究现实中的所有细节以便预测未来。这句话的意思并不是说未来只是现实生活的延伸，而是说我们可以从自己所在的土地上，而不是从天空中发现未来的萌芽。

因此，小心前面的陷阱，仔细观察眼前的事实，并利用所有可以利用的帮助，下面的章节将会对此进行详细论述。

不识庐山真面目，只缘身在此山中

几年前，我曾就美国向巴拿马交还巴拿马运河的问题发表过一次演讲。

作为巴拿马运河归还仪式的前奏，组织各国外交部部长听取演讲的巴拿马外交部部长邀请我们夫妇加入大家的队伍，乘坐直升机游览运河。我和妻子本身对直升机的安全性是有些担心的，但我们不想在大家面前露怯，只好参加了这次游览。

在此之前，我们曾经阅读过一些材料，知道建造运河是多么艰难，有许多人为此付出了生命。直到我们从直升机俯瞰运河时，才全面了解了整个工程。浓密的雨林绵延数里，十分壮观，我们脚下密集的丛林就像一块厚厚的地毯，而人工运河就像一条蓝色的带子从中蜿蜒而过。

而几天之后，当穿过曾经从直升机上俯瞰的丛林时，我们看到的却是另一幅景象：茂密的植被、棕榈、树林和灌木；各种不同层次的绿色；鸟儿在枝头叽叽喳喳叫个不停，猴子们在树梢荡来荡去，还不时地与同伴应和。每一次转弯都会给我们带来新的惊喜。这与我们在直升机上俯瞰的角度截然不同，看到的景色也截然不同，也再次验证了下面这句诗：不识庐山真面目，只缘身在此山中。

虽然我们并不是每次都有机会可以体验这种细节与整体的区别，但情况大致都是如此。如果你想发现导向性的事件，便要与之拉开一定的距离。因为如果缺少这样的距离，当时的潮流便很容易蒙蔽你的视线。时尚本身是隐含于趋势之中的，也是趋势的一种体现。趋势并不经常发生变化，而趋势所隐含的时尚却在不断促进变化的产生，因此才有了“流行”这个词。

1982年，我在《大趋势》一书中提到的一项重大变革，是从工业社会到信息社会的转变，隐含于这项转变中的趋势就是人们“身体意识”的觉醒。在农业社会中，我们是依靠自己辛苦的身体劳动来完成日常杂务的。在工业社会中，我们也要在工作中出卖体力。（在美国的短暂历史中的体现，是人们的职业从农民到工人再到职员的转变。）而随着信息时代的来临，社会对体力劳动的需求大幅度下降。在今天的信息社会中，大多数人在工作中所需要的体力劳动非常少。这种向信息社会转变的影响之一就是许多人都成了办公室人员，人们越来越关心我们的身体活动和身体所摄入的物质，也就是说我们已经进入了一个“身体意识”时代。这种向办公室人员的转变是由工业社会向信息社会的转变引起的，是不会出现逆转的。

因为办公室工作的特性，我们还会一直继续关注自己的身体，这一点是不会变的，但我们爱护自己身体的方式会随着潮流而变化。这些潮流就是趋势的具体表现，是趋势不断变化的体现方式。例如，长久以来，跑步都被认为是健身的有效方式，游泳也曾经盛行一时；现在许多人开始追捧兰斯·阿姆斯特朗（Lance Armstrong），私人教练和健身俱乐部开始流行。我们健身的方式、尝试的各种器材，都可能是随着潮流而变化的，而健身的必要性却是始终如一的。除了健身之外，关爱身体的另外一个方面就是饮食。

当然，饮食与节食也是与潮流密不可分的：马约诊所饮食法、艾特金斯饮食法、素食、西瓜、体重监测、南部沙滩、比弗利山庄、低脂肪、高脂肪、只吃碳水化合物、不吃碳水化合物、吃大量水果、不吃水果。现在许多人都非常关注艾特金斯饮食法（低碳水化合物饮食法），但是我想指出，低碳水化合物的饮食方式早就已经存在了。早在 1825 年，让·安泰尔姆·布里亚–萨瓦兰（Jean Anthelme Brillat-Savarin）——一位法国律师，在备受整个欧洲推崇的《味觉的生理学》（*The Physiology of Taste*）一书中就曾说过，一些读者肯定会反对他的饮食方案。他在书中写道：

“天哪！”不管是男士还是女士都会大叫，“我的老天！教授太没有人性了！所有我们喜欢的食物他都不让吃，比如可爱的小蛋卷、蛋糕，还有饼干，甚至连土豆和通心粉也不行！一个看起来和蔼可亲的美食家怎么会说出这种话呢？”

“你们说什么？”我摆出一副最严肃的面孔，其实我难得如此严肃。“那好吧，你们就吃吧！吃得胖胖的！变得又肥又丑，还会得哮喘，最终还因为这些过度的油脂而丧命。”

尽管节食并不有趣，却是一个经久不衰的话题。人们寻找减肥途径的热情似乎永远也不会消退，而潮流只是我们应对由于整天坐着办公而产生的多余脂肪的方式。你可以认为潮流是重大趋势的体现，你也可以认为趋势来自社会的重大变革。本书第二部分第十五章“视觉文化正在占领世界”中，就有几个很好的例子来帮助你理解这一结论得出的过程。

掀开帘子看世界

许多人都喜欢玩捉迷藏的游戏。我喜欢的藏身地之一就是窗帘后面。社会的一些重大变革就像是藏在窗帘后面的小男孩，发现他们并不困难，关键就是不要被窗帘蒙蔽了眼睛，而是要把它掀开看一看。

在《大趋势》一书中我所讲述的另外一个变革就是工会会员的数量会继续下降，工人运动会消失。我为什么会这样说呢？

在 20 世纪 80 年代初，美国 1/4 的工人都加入了工会。而在平等待遇的“窗帘”后面是工会组织的精神（对所有工人一视同仁）与由于技术而逐步显现的个人主义之间的不和谐。一方面是由于制造业自动化程度提高，从而导致从业人员大幅减少，而制造业正是工会会员最集中的领域。另一方面，越来越多的工人经济状况好转，也使他们不再经常向工会组织寻求帮助。这一现实使得工会组织就像是等待中生代归来的恐龙一样，但是中生代是不可能重新回来了。工会组织已经失去了适合自己生存的政治土壤。就像恐龙一样，想要生存下去，工会组织必须要改头换面，重新为自己定位，但是它们并没有这样做。

从我在书中预测，美国工会成员会减少到现在，私营企业中工会成员的比例已经从当时的 25% 下降到 7.8%，而且还在继续下降。后来，服务业工会和卡车司机工会宣布脱离美国劳工联合会以及美国产业工会联合会，这个消息更使得工会组织的状况雪上加霜。

变革基本都是各种因素综合的结果，很少是由单一因素引起的。因此，在做出判断之前，人们最好先考虑一下是否有多种因素在推动事物向不同方向发展。本书第二部分中所得出的结论没有一条是单纯基于某一线索的。如果找不到足够的线索，你最好再次掀开窗帘看一看。

行星研究所

报纸是揭开未来面纱的重要信息来源，它的作用就像是一个行星研究所，为我们报道这个星球上所发生的事情。报纸被许多人称为“历史的草稿”，这个说法再贴切不过了。因此，报纸是人们研究过去和未来的第一手资料。历史书经常把当时的报纸作为信息的主要来源，但现在我们经常忽视报纸的这一功能，那么就请大家用100年后的眼光来读今天的报纸。当然，在阅读报纸的时候，我们所寻找的并不是个人观点，而是对事件的记录和比赛的结果。我们发现比赛结果的过程以及所需要注意的事项将在下一章“要认真把握媒体统计数据”中进行详细讨论。

报纸是在一个封闭系统中被迫选择的体现。这句话是什么意思呢？请听我解释。报纸之所以是社会变革的重要监视器，说得简单点儿，是因为报纸中可以报道新闻故事的篇幅是有限的。从经济角度考虑，报纸中为新闻留出的空间，也就是新闻版面，总是有限的。因此，如果有新鲜事物在报纸中出现，那么有些新闻就必然被删除或者缩小篇幅。所谓旧的不去，新的不来。这就是在一个封闭系统中被迫选择的原则。《纽约时报》的主编约翰·格迪斯（John Geddes）曾经说，《纽约时报》的新闻版面“已经大约8年没有变了”。他还强调说“这里是一个你死我活的战场”。当然，网上的博客就不存在这种“空间预算”的问题，博主永远都不需要考虑文章的长度和空间的容量。

社会中也同样存在被迫选择的情况。社会和人们有着类似的特性：人们的大脑在任何一个时刻能够考虑的问题和事情都是有限的，而社会在任何一个时刻所关注的问题也是有限的。如果引人注目的新问题出现，那么现有的问题所引起的关注就会减少甚至消失。所有这一切都反映在新闻版面当中，新闻版面上的内容代表了人们对于社会问题的优先关注程度。

某些报纸不仅在阅读内容，而且在阅读方式上，都大大优于另一些报纸。我个人认为，最忠实地记录了世界变化的报纸有《纽约时报》《金融时报》《华尔街日报》《经济学人》（它也自称为报纸）和《今日美国》。

即便是上述报纸，大家也不要指望它们能够完全反映出从长远角度来看比较关键的事实信息。比如 2006 年 3 月末，福特汽车公司宣布将裁员 30 000 人。这一消息占领了几乎所有报纸的头条，尽管裁员需要三年的时间才会完成，尽管对于日渐衰退的福特公司来说，这一消息并不令人意外。而在同一天，美国商务部宣布，美国 2 月又新增了 280 000 个新的工作岗位。显然，从长远来看，这一消息更有价值，但这一报道在我所看到的所有报纸中都被淹没在了第十版或第二十六版。因此，大家在读报纸的时候应该看中新闻本身的重要性，而不要被人们对它一时的关注程度，也就是它所在的版面所迷惑。

在时间的长河中，未来常伴在我们左右

世界未来的变革与趋势都是隐含在现实与历史中的。回顾历史，我们不难发现这一点，但这并不是我们的目的，我们需要做的是预测未来。而想要完成这一目标，我们就需要置身事外、耳聪目明。

在这一过程中，报纸是我们的重要伙伴。它们不仅是历史的第一遍草稿，还是我们了解未来的第一手资料，因为我们现在的工作正在塑造未来。报纸是我们可以收集到的基本信息来源，它们能够拓宽我们的视野。报纸可以为我们提供政治、文化、社会事件、潮流与趋势方面的信息，但它们同时包含了个人观点、政治宣传、无关的细节和昙花一现的琐事。虽然报纸对我们有很好的指导作用，但我们敏锐的眼光远比我们搜集到的信息量更加重要。在不断求证和选择的过程中，我们就可以发现未来的蛛丝马迹。

第三章

思维模式 3
要认真把握媒体统计数据

体育 vs. 政治：1：0

你是怎样读报纸的呢？我是从体育新闻读起，也就是从后向前读。这并不仅仅因为体育展现了人类的成就，还因为在一个科技驱动的社会里，体育变得越来越重要（见思维模式 11），也因为我喜欢体育。我对体育一直很感兴趣，而且很重要的一点是，我认为体育报道是最可信的，最起码要比头版的新闻客观得多。如果我在报纸上读到波士顿红袜队以 7：3 的比分战胜了纽约扬基队，那么我可以百分之百地确定这一事件是真实的。

而许多年来，在报纸的另一部分，通常是在《金融时报》的头版，德国前任总理格哈德·施罗德（Gerhard Schroeder）一直在吹嘘德国是一个经济强国。世界形势虽然不像体育新闻那样一目了然，但也是有数据可供我们查询的。在报纸中我就发现了一些数据。德国的失业人数比上月上升了 44 000，失业率达到了 10.4%。德国政府曾宣称，德国的失业率在 2005 年会增长大约 1.5%，这个数据是相当低的。但让我们来看一下“比赛结果”吧：德国经济根本没有增长，上个季度甚至为负增长。

2006 年 1 月，也是安格拉·默克尔就任德国总理两个月后，她下令德国经济部门改掉喜欢做出过于乐观的经济增长预测的习惯，这也是她上台后首先做的事情之一。这真是一个不错的开始。

无视现实

2000 年，欧盟成员国的政府首脑会集里斯本，他们宣誓要将欧洲“在 2010 年前发展成为世界上最具竞争力和活力的知识经济实体”。很显然，欧洲是在挑战美国的世界经济霸主地位。从此之后，每年欧盟的领导人都会重申这个《里斯本协议》。

那么现实是什么？“比赛结果”又是什么呢？自从 2000 年公布这个协议以来，欧洲每年都在丧失在经济上与美国抗衡的能力。事实上，近十多年来情况都是如此。不管欧盟的目标多么雄心勃勃，引起多么广泛的世界关注，但最重要的还是实现他们目标的具体措施。如果你想了解欧盟和它的成员国的现状和未来的方向，你可以不断查看“比赛结果”。他们的就业率是上升还是下降？经济增长率是多少？有没有采取什么经济改革措施？政府无法创造新工作岗位，能够提供新工作岗位的是企业，与政府无关。那么，创业的环境如何？生产率是在提高还是下降？

当你读到任何关于欧洲的新闻时，都请在心中思考一下上述问题吧。

沉重的包袱

从某种意义上讲，欧洲是在向世人宣告自己正在努力奋斗，而通用汽车公司这个已经走下坡路的美国工业巨人却在悄悄地奋争。2006 年 2 月，通用汽车公司（全球收入 1 926 亿美元）宣布了 10 年来最严重的年度亏损：106 亿美元，并且暴露了自己正面临的问题：上涨的劳动力成本、来自亚洲的激烈竞争以及国内市场销售量的下降。通用汽车公司陷入了多重困境之中。它还必须为每辆汽车支付 1 600 美元的所谓的“附加费”——主要包括医疗和养老金等费用。

更为糟糕的是，通用汽车公司当时的市场占有率还面临着 40 年来的分水岭。丰田汽车公司即将取代它成为世界上最大的汽车制造商。曾是世界汽车界老大的通用现在已经入不敷出，自 20 世纪 90 年代初以来，这种情况还是首次出现。《商业周刊》对通用汽车公司的总结如下：

> 处于如此窘境的公司通常都会缩小生产规模，直至达到平衡。那么，一个正常的通用应该是什么样子呢？也许它会减少 5 个生产商，每年在北美生产 400 万辆汽车，而不是现在的

510万辆，这样它在美国的市场占有率就会降低到20%左右，但工厂就可以根据实际需求来进行生产，减少打折或者廉价的租用汽车的销售。员工们的医疗保健计划也要相应缩减，使困难时期的下岗员工去享受政府的失业津贴。这样用在科研方面的经费会更加充裕，但科研应该主要集中在四五个环节上，而不是现在的8个。

对于通用汽车公司来说，紧缩并不是他们可以做的选择。它的工会协议规定，不管它的销售和利润情况多么糟糕，如果它要关闭工厂或者解雇工人，就会面临严厉的惩罚。不管它是否赢利，都要保证工厂最低80%的运转量。即使生产线停工，通用汽车公司也必须支付下岗工人的工资和丰厚的医疗保险及养老金。除非工会同意做出巨大让步，否则这些费用都是必需的，至少在两年后进行下一轮工资协商之前都是必需的。

通用汽车公司每年有87亿美元流入了一线工人的口袋里。它直接或间接提供了近900 000个工作岗位，它的员工包括汽车工人、广告策划人员、汽车销售人员和办公室人员。通用汽车公司在1998年曾因工人运动而停工54天，那个季度美国的经济增长率就下降了整整一个百分点。因此不可否认，通用汽车公司的困境也是整个美国的问题。

100多年前，亨利·福特位于底特律的工厂开创了美国现代汽车工业。2006年1月，福特当时的首席执行官做出了非同凡响的陈述：

“从现在开始，我们将会按照顾客的需要来设计和制造产品，而不是仅仅维持工厂的运转。”想象一下吧！

在商业、政治或者私人生活领域，如果个人的虚荣心膨胀的话，豪言壮语和现实之间的偏差就会加剧。事实上，他们在发出豪言壮语的时候，许多问题都被隐藏起来了。在追求成绩的过程中，力求完美的力量就在起作用。千万不要被那些远大的目标所误导，还是看一下“比赛结果”吧。

这就是战略顾问所要做的工作。公司往往会花费几百万美元请顾问来告诉自己“比赛的根本结果”。麦肯锡和其他咨询公司就是分析公司的相关事实和数据，分析单位劳动力的效率，分析公司所处的市场，然后根据事实提出建议。咨询公司之所以可以收取丰厚的咨询费，是因为大多数情况下他们做出的判断都是正确的。同样，你也可以分析周围世界的“比赛结果”。

人才库

“比赛结果”也许还应该包括诺贝尔奖获得者的数量，至少是科学方面奖项获得者的数量。毕竟，诺贝尔科学方面的奖项要比文学奖或和平奖所掺杂的政治因素要少。

在“二战”爆发之前，欧洲曾经获得过 109 次诺贝尔自然科学方面的奖项，而美国只有 13 次。但从 1969 年开始，这一局面发生了逆转：欧洲只获得了 90 次，而美国获得了 171 次，这表明了全球自然科学领导权从欧洲开始向美国的转移。在本书第二部分第十三章的欧洲部分对此还会有详细论述。

几年前在东京演讲的时候，我曾讲到移民源源不断地为美国补充着人才资源，而且美国拥有300多位诺贝尔奖获得者，而日本只有4位的事实，这一现象绝不是偶然发生的。当时，我听到坐在第二排的一个家伙说："是的，但大部分诺贝尔奖获得者都是从其他国家移民过去的。""谢谢，"我回答说，"这正是我想要说的。"

气候变暖还是变冷

如今，人们对气候变暖的担心和20世纪70年代时对气候变冷的担心一样，都是杞人忧天。从20世纪30年代末到20世纪40年代，我还是一个小男孩，在犹他州渐渐长大。当时人们最大的恐惧就是"冰川世纪的到来"；20世纪70年代人们所担心的是"全球气候变冷"。

1974年，曾获普利策新闻奖的美国专栏作家乔治·威尔写道："一些气象学家认为，到20世纪末北半球的平均温度可能会下降2—3摄氏度。如果事实真的如此，那么高纬度地区（加拿大、中国北部和苏联）的粮食将会减产，从而引起大规模的人口死亡和社会动荡。"现在"20世纪末"已经成了过去时，这一预言并没有实现，人们开始相信全球气候在逐渐变暖。

同样，在20世纪70年代，也就是40年前，一些著名的气象学家在波恩开会时警告说："气候变化的现实使得最乐观的专家也认为 10 年内粮食的大规模减产（由于全球变冷）是不可避免的。如果各个国家和国际组织无视这一必然结果，不采取相应措施，那么许多人将因此而饿死。如果引发政治动荡和暴力活动，人们为之付出的代价就会更高。"

当时最畅销的图书是 1975 年由普伦蒂斯 – 霍尔出版社出版的《全球变冷：又一个冰川世纪已经来临？我们能够渡过这一难关吗？》(*The Cooling: Has the Next Ice Age Begun? Can We Survive It?*)。它的作者洛厄尔·庞特（Lowell Ponte）也曾就这一主题进行广泛的演讲，说世界上最保守的科学家也警告人们，又一个冰川世纪在不远的将来就要来临。"全球变冷，"他说，"给人类带来的社会、政治和适应性挑战是 10 000 年来最严峻的。您对我们关于全球变冷的预测的关注至关重要。它关系我们、我们的孩子以及我们整个物种的生存。"

1975 年，《新科学家》杂志的编辑奈杰尔·考尔德（Nigel Calder）也曾经说过："人们现在必须像重视核战争一样重视新冰川世纪的威胁，它们都可能导致人类的大规模死亡和不幸。"

看到这里，你就会明白，关于全球变冷和变暖，大家都是同样的有理有据，同样的狂热。

到了今天，当年曾经为全球变冷而发狂的科学家开始为全球变暖而变得歇斯底里。

2005 年秋，英国航空公司宣布他们将为旅客们提供机会来帮助改善全球气候，具体做法是允许他们除票价之外额外付一点儿钱，用来弥补他们的旅行所引起的碳排放。结果发现，200 位旅客中没有一位愿意参加这项活动。这似乎与关于气候变化的民意调查结果所显示的人们对于气候变化的关注程度并不相符。那么，这是不是因为经济学家们所谓的“揭示的偏好”呢？也就是说，只有人们愿意为之掏腰包的想法才是他们真正的信仰。

几十年后，人们会如何理解这些关于环境的预言呢？ 2006 年 1 月 28 日在瑞士达沃斯举行的世界经济论坛上，美国前总统比尔·克林顿的发言得到与会人员的喝彩，他说：“我们必须采取严格的措施来发展清洁能源，这样才能避免新的冰川世纪的来临。”

2006 年 2 月 4 日，美国矿产管理能源报告中提到：“北极熊的死亡是全球变暖的有利证据。美国矿产管理局的科学家们发现越来越多的北极熊被淹死，这表明了全球性气候变暖对极地地区冰层的影响。”

大众的困惑

我们应该相信谁的说法呢？我们应该相信什么样的说法呢？我们应该从哪儿入手进行分析呢？难道我们要一一阅读亚马逊网站上所列出的关于全球变暖、全球变冷和冰川世纪再次来临的图书吗？

关于气候变化有许多互相矛盾的看法和建议，人们有时真的很难分辨到底应该相信哪个。我不可能停止现在的工作，花两年或者

10 年的时间专门研究环境或者可持续性的问题。我们中的任何人都不可能这样做。因此，我只能用自己的经验和判断力来进行分析。

由于一些权威人士对于全球变暖的确信态度，这一辩论变得更加激烈起来。全球变暖似乎已经成了许多人的信仰，那些对此持异议的人们则成了异教徒，他们在很多公众场合都被剥夺了发言权。

在这个问题上，我强烈建议大家"关注比赛结果"。"全球变暖"，或者用更中性的词语"气候变化"的事实是什么样的呢？

事实上，所有科学家都承认，历史温度显示，全球气温在过去 100 年中上升了 0.4—0.8 摄氏度，人们也普遍认为，这主要是由于大气中的气体排放引起的。这就是"比赛结果"。除此之外，科学家们在其他问题上存在很多分歧。比如，当今气候的变化是否超过了历史上温度变化的范围。而且，科学家就全球气候是否会变暖还存在更大分歧。

全球变暖的怀疑者和支持者都认为，由于自然界的不稳定性，未来任何一年的平均气温都可能比现在要高，也可能比现在要低。支持者们坚持认为会比现在高，而怀疑者们认为不会出现明显的高或者低，温度变化都只是正常浮动而已。

支持者们说，大多数科学家都认为全球会继续变暖，他们把"多数人的意见"作为了科学依据，但它毕竟不是。

美国科学院在 2002 年曾经发布过一个名为《气候陡然变化——无法避免的惊奇》的报告，其中写道："1 000 年来，我们的世界经历了缓慢的气候变化，也经历了突然的气候变化。人们已经学会了通过各种方式来适应它，比如搬进室内、为庄稼进行灌溉、从不适合居住的地区搬走等，而且未来几十年中气候仍有可能继续变化。”

而在欧洲，人们对于全球变暖理论的接受程度要远远高于世界其他地区。欧洲媒体总是宣称，科学界对于全球变暖理论“一致支持”。但是，这并不能改变“比赛结果”。

我也认为，人们必须保护环境，制定一些相关的规章制度也是必要的。不管对于环境的观点究竟谁对谁错，我都赞成要关心环境，因为这样做是有益的。我想向大家表明，我是支持保护自然的。但是，在不清楚事实的情况下夸大问题的做法会扭曲社会的优先权，使普通民众和领导阶层无法做出最佳决策。

谁的声音最响亮?

预言，大多数是人们根据经验和推理得出来的，而认为现在社会的基本参数将会持续不变的假设多少也是如此。但是，人们在推断的时候往往会忘记考虑人类的发明才能。

19 世纪 70 年代，让人们陷入无尽担忧和恐惧的是一个有着四条腿和发达的消化系统的东西。随着英格兰的有钱人越来越多，马车的数量也迅速增加，而每一匹马都要排泄粪便。

仅在伦敦一个城市就有大约 50 000 匹马，而每匹马每天要排泄 10—30 磅的粪便和一升多的尿液。因此，每天都有一千多吨粪便被运出城外，而运输这些粪便的马匹也要排泄。于是，专家们武断地得出了骇人听闻的结论：一旦伦敦人口达到 400 万，整个城市就会被淹没在马粪中。

从理论上讲，专家的计算并没有什么问题，但他们没有想到的是，汽车出现了。

环境保护主义者为了引起人们的重视和得到大家的支持，总是会夸大问题。在 1980 年出版的《沉没的方舟》(*The Sinking Ark*)一书中，牛津大学的生态学家诺尔曼·迈尔斯（Norman Myers）预测每隔一天就会有一个物种灭绝。1999 年，《西雅图时报》的保罗·范·德维尔德（Paul Van Develder）也曾写道："20 年后，动物学家和植物学家会发现人类的活动加速了物种的灭绝，每天都会有 75 个物种消失。"

若按这个速度，每年会有 27 375 个物种灭绝。很快，这一数据又上升到了 40 000 个。根据自己的常识和直觉判断一下，这根本是不可能的。但是，这一数据不断在媒体中出现。它的唯一根据就是迈尔斯博士 1979 年在一篇文章中的大胆断言：1975—2000 年，100 万个物种可能会从地球上消失，这样算来就是平均每年 40 000 个。媒体从未对这一数字进行考证，便无休止地进行引用。

世界自然保护联盟记录了濒危物种的名录。1992 年，它曾公布，灭绝的哺乳动物和鸟类数量是十分少的。假设总共有 3 000 万个物种，那么，每年灭绝的物种大约为 2 300 个，这一数据却鲜为人知。

与此同时，迈尔斯博士又重申了那个每年会有 40 000 个物种灭绝的预言，并警告说："我们即将进入由人类引发的生物大屠杀时期。”他无视科学数据的鲁莽、不负责任的断言正是许多环境保护主义者的典型例子，也是对自然持续发展能力的蔑视。

如果长时间得不到事实的支持，这些危言耸听的论断自然就会消失。但是另一方面，有些危险一直没有得到人们足够的重视。

在鲨鱼的阴影下

这是她上岛的第二天。太阳正在从平静的大海中升起，鸟儿刚刚开始歌唱。海滩上的人还不多，她漫步在椰子树林中享受着清凉的海风。死神就在此时悄无声息地降临了。椰子树上突然轻轻发出断裂的声音，她还没有意识到，一个椰子“啪”地落在她的头上，砸碎了她的脑袋。

这会成为美国有线电视新闻网（CNN）上的大事件吗？椰子杀手再度杀人？褐色魔鬼夺去游客性命？不，美国有线电视新闻网是不会报道的，因为椰子杀手不会引起人们的兴趣。它们没有令人恐惧的牙齿，不会从水下突然冒出来袭击沙滩上的人们。它们的出现只是由于成熟、重力和偶然因素的共同作用。尽管人们并没有注意到，但因为落下的椰子而受重伤甚至死亡的人的确要比遭受鲨鱼袭击而伤亡的人要多。而任何时间任何地点的鲨鱼伤人事件都会被媒体所报道，因为“鲨鱼！鲨鱼！”这样的标题本身就能够引起人们足够的兴趣。

佛罗里达大学国际鲨鱼档案馆馆长、著名鲨鱼研究专家乔治·伯吉斯（George Burgess）曾说过：“落下的椰子每年在全球范围内导致 150 人死亡，是由于鲨鱼袭击而死亡的人数的 15 倍。”事实上，后来伯吉斯统计的数据表明，在 2002 年、2003 年和 2004 年，由于鲨鱼袭击而导致的命案一共仅有 14 起。

鲨鱼袭击能够成为新闻，而落下的毛茸茸的褐色坚果却不能。即使被忽视的、可怕的椰子终于到了聚光灯下，那也是因为一个处于阴影下的奖项：搞笑诺贝尔奖。

搞笑诺贝尔奖

《落下的椰子对人体造成的伤害》（*Injuries Due to Falling Coconuts*）是刊登在美国《创伤杂志》（*Journal of Trauma*）上的一篇文章。作者彼得·巴斯（Peter Barss）博士在文中描述了巴布亚新几内亚岛上发生的 9 起椰子伤人事件。巴斯博士指出，那一地区的椰子树平均高度为 75 英尺，而一个椰子的重量为 4 磅甚至更多，也就是说，椰子落下的速度大概为每小时 50 英里[①]，产生的力量大概为 2 000 磅。因此，这种强大的冲击力曾造成几位受害者头骨碎裂。

这篇文章最终获得了搞笑诺贝尔奖，这个奖项是由《不可思议研究年报》（*Annals of Improbable Research*）的编辑们评选出来向那些“不能或者不应该被重视”的研究致敬的。巴斯博士的文章虽然发表于 1984 年，获得这一奖项却是在 2001 年。很明显，学术界发掘新闻是需要一段时间的。

---

① 1 英里 ≈1.61 千米。——编者注

我想，也许只有等到第一部“椰子杀手”电影诞生时，人们才会从鲨鱼的阴影下走出来，开始重视落下的椰子。

危言耸听的竞技场

坏消息总能迅速膨胀。事实上，特别是在政治因素的影响下，坏消息总会被扭曲，社会事件尤其如此，而体育比赛的结果则不会。在遭遇灾难时，早期的过高或者过低估计都是不合适的。2004 年亚洲海啸的后果的确是灾难性的，最终死亡人数超过了 200 000。但是，很多情况下，人们都是根据估计而不是事实来得出数据的。

2005 年，卡特里娜飓风袭击新奥尔良，最初人们估计死亡人数为 10 000 人，有些报道甚至认为最终会有 100 000 人死亡。现在我们知道，最终的死亡人数为 1 000 人，而这已经够可怕了。

1986 年 4 月的切尔诺贝利事件是另外一个很好的例子。当乌克兰的核反应堆爆炸时，有些人警告说整个欧洲的动物群都会大批死亡。德国、奥地利以及其他一些国家的人们都接种了疫苗，以免受到辐射疾病的影响。一些专家预测，未来几十年内还将会有 800 000 人因此而患癌症。而联合国和其他政府机构的最新研究表明，因切尔诺贝利辐射死亡的人数为 56 人，其中有 47 人都是由于爆炸或者之后的大火而丧生的电厂工作人员。大约 4 000 名儿童的确患上了甲状腺癌，但大部分都被治愈，只有 9 人死亡。

按照自己想要的结论来扭曲事实似乎是人类的本性。

“比赛结果”是无法更改的

如果一场橄榄球比赛以 27 ∶ 17 结束，那么这就是比赛结果，它不会因为胜利方或者失败方的借口、赞扬或者解释而更改。同样，在商业领域，公司的业绩也不会因为首席执行官的如簧巧舌而更改。塑造地缘政治学和文化活动的并不是它们的语言，而是行为。事实上发生的事情才是最重要的。本书第二部分第十四章将会讨论中国政界的“比赛结果”，第十三章讨论欧洲的情况。聚焦你所发现的“比赛结果”，把它们想象成棒球或篮球比赛中记分牌上的比分。它们的简单与可靠，就是衡量信息准确性和相关性的标准。而复杂通常是用来伪装的工具，只有简单才能透明。所有这些都有助我们了解现实，而了解现实则是了解未来的第一步。

第四章

思维模式 4
勇于追求，错又何妨

一位谦虚的反叛分子

对于一位年轻人来说，这可不是一个好的开始。在苏黎世联邦工业大学攻读物理学学位时，他的毕业论文被导师否定。“你很聪明，”导师告诉他说，“但你有一个致命的缺点，就是从来不听别人的意见。”这似乎是对那些盲从权威的人们所给予的非常恰当的评价。

20 世纪初，这样的态度可不吃香。尽管这位年轻人发出了一大堆求职信，但最终还是没能找到一个在大学教书的职位，而这样求职失意的毕业生在他们班只有 4 个。尽管如此，他的自信却没有受到丝毫影响，他仍旧坚信：“傲慢万岁！它是我在这个世界的守护神。”在沙夫豪森的一所学校任教了一段时间后，他最终被瑞士伯尔尼专利局录用为技术员，从事发明专利申请的技术鉴定工作。这个年轻人就是阿尔伯特·爱因斯坦。

从1902年起，他每周都要在专利局的办公桌前工作48小时，他相信自己生来就是要创造辉煌的，而且在必要的时候，他还会利用晚上加班。1905年，爱因斯坦给自己在沙夫豪森结识的好友、数学家康拉德·哈比希特（Conrad Habicht）写了这样一封信：

> 亲爱的哈比希特：
>
> 我们之间的沉默如此庄严肃穆，而我却要用一些不合逻辑的妄语来打破它，我简直感觉自己犯了亵渎罪。你这个臭家伙，到底在忙些什么呢？你为什么还没有把你的论文发给我呢？你难道不知道我是这个世界上会十分高兴、怀着极大兴趣阅读你的论文的一个半人中的一个吗，你这个可恶的家伙？作为回报，我会把我的4篇论文发给你。
>
> 第一篇是关于光的产生和转化的，你会发现里面有一些革命性的观点，当然前提是你先把论文发过来；第二篇是关于原子的真正体积；第三篇证明了液体分子与悬浮微粒之间无规则碰撞的涨落是引起布朗运动的真正原因；第四篇还只是一个草稿，是关于运动物体的电动力学的，其中对时间和空间的理论做了一些修正。

那些被当时26岁的爱因斯坦谦虚地称为“不合逻辑的妄语”，正是人类所做出的最惊世骇俗的论断之一。它把物理学从19世纪迅速推进到20世纪，并使爱因斯坦一举成为20世纪最伟大的天才科学家之一。但个人的力量是如何撼动物理学的基础的呢？成就他的当然不仅仅是自己的年少轻狂和心高气傲。在被称为“爱因斯坦奇迹年”的 1905 年，他不仅提出了相对论，而且还提出了量子力学理论。正是这两篇论文成为现代物理学的奠基石。

爱因斯坦似乎还觉得这些成果不够，在年底又提出了超越它们的理论。在致哈比希特的信中，爱因斯坦提出了一个自己认为令人着迷且非常有趣的想法：“我在想，上帝会不会开怀大笑，因为他正在开玩笑似的误导我。”

于是，$E=mc^2$ 诞生了。

爱因斯坦为我们揭示了隐藏的时间和空间世界。在他的一本传记中，作者阿尔布雷希特·福斯林（Albrecht Fössling）评论说，“没有去和权威科学家们进行探讨，纠缠不休，而是在独立的情况下任自己的思绪飞扬”正是爱因斯坦的优势。爱因斯坦能够进行自由想象和创造。如果没有了这种自由思维，他就不可能得出这些成果。他关注的是事物的本质，而不是自我。

许多人都试图破解这位伯尔尼专利技术员的天才之谜。哈佛大学的智力专家哈沃德·加德纳（Howard Gardner）认为，爱因斯坦之所以能够发现如此多的自然之谜，是因为他从来没有失去孩子般的天真，加德纳还称他为“永远的孩子”。爱因斯坦最关心的不是人们是否会反驳自己的观点，而是在探寻科学的路上不让自己遗漏任何一个事实。1911 年 9 月 22 日，在给威廉·朱利叶斯（William Julius）的信中，他这样写道：

尊敬的同事：

如果这些（关于太阳光谱的）文字是成立的，那么我想我的理论就会被驳倒。如果你能够坦率地告知你对此事的看法，我会非常高兴。毕竟，我非常清楚我的理论基础并不牢固。我所选择的道路可能是错的，但是无论如何我都要进行验证。

1912年10月27日，爱因斯坦给自己的另外一位朋友，天体物理学家埃尔温·弗罗因德利希（Erwin Freundlich）的信中写道：

在经过艰苦的钻研之后，我的理论研究正在快速前进，很快我就可以得出引力动力学的公式。这一工作的好处在于人们可以清除自己的主观臆断，没有任何地方是可以“修补的”。相反，这一理论要么正确，要么错误，二者必居其一。

为维护一个不成熟理论的正确性而努力，会为这个理论吸引很多倡导者。但是挺身而出，推翻已有的关于时间与空间、能量与物质的理论，这样的举动不一定能成功。爱因斯坦以自己全部的情感、恐惧和希望寻找普遍的永恒规律，他所追求的是正确的理论，而不计较自己是否正确。

我们中的大多数人都无法达到爱因斯坦的境界，即使我们所追求的目标并没有那么远大，但不求完美的意义同样重要。追求真理，而不是谁对谁错，这一原则适用于各个领域：个人生活、商业和政治活动。

当在书中预测未来时，我不能考虑过多，担心自己的结论是否会在将来的某一天被证实是错误的。因为我必须要做出判断，而且我会尽可能做出合理的判断。只有卸下思想包袱，告诉自己不必追求完美，我才可以自由想象，才可以做出合理判断。尽管如此，我所做的一些预言在当时看来仍然是十分荒诞的。

预测的胆量

在《大趋势》一书中引起强烈反响的结论之一，就是发达的全国电视网络，比如美国全球广播公司（NBC）、哥伦比亚广播公司（CBS）和澳大利亚 ABC 电视台的业务会在很长一段时间内慢慢下滑，因为他们的观众会被当时刚刚出现的、还比较原始的有线电视抢走。1982 年，任何认为这些娱乐巨头会走下坡路的想法对大多数人来说都是十分可笑的。我记得自己曾经在美国广告协会的绿蔷薇年会（真是虎口拔牙）上就此问题发表过演讲。第二天，《纽约时报》的广告专栏就报道了我的演讲，并评论说，“只有疯子才会相信他的话”。也许将来我的预言会被证明是错误的，但是在我看来，美国的综合性媒体正在逐渐丧失自己的统治地位。比如说 20 世纪 60 年代前最具影响力、发行量一度达到 1 000 万册的综合性杂志《生活》《展望》（*Look*）和《星期六晚邮报》（*The Saturday Evening Post*）已经停刊并被数百种的专门性杂志所取代。在我看来，美国全球广播公司、哥伦比亚广播公司和澳大利亚 ABC 电视台迟早也会步它们的后尘，它们的观众也会被日益完善且有着多种选择的有线电视所拉拢。现在，这三家所谓的“电视网络巨头”的市场占有率总共也只有 11% 左右。

逆向思维

其他所有人都是错的，这可能吗？

过去，最为人们所普遍接受的医学理论就是，胃溃疡是由压力、抽烟和喝酒所引起的。人们认为，压力会使得身体产生过多的胃酸，而过多的胃酸又会腐蚀胃黏膜。治疗这一疾病的标准方法就是进行手术。

而两位澳大利亚内科医生罗宾·沃伦（Robin Warren）和巴里·马歇尔（Barry Marshall）却提出，胃溃疡是由一种当时还不知名的细菌所导致的。这一研究成果就像是在高速公路上逆向行驶一样，他们坚持认为除了自己，其他所有人都走错了方向。

1983 年，马歇尔医生成功地用抗生素治愈了患者的胃溃疡。同年年末在比利时举行的医疗研讨会上，马歇尔医生被问及是否认为细菌引发了某些胃溃疡，而他却回答说自己相信所有的胃溃疡都是由细菌所导致的。难道所有的专家都错了吗？这可能吗？

“打破教条是很困难的。”马歇尔医生后来说道。在那次以及其他许多次研讨会上，他都是在一片嘘声中下台的。“他们就打算让我闭嘴，然后把我赶出肠胃病学领域，驱逐到偏僻的地区做普通医生。”这位来自珀斯市的年轻医生说道。全球的医学界都在坚决反对存在胃溃疡细菌的荒诞理论。

2005 年 10 月，沃伦和马歇尔医生因为发现“胃溃疡细菌”而被授予了诺贝尔医学奖。经过 10 多年的时间，医学界才放弃使用抗酸剂的疗法，转而使用抗生素。真的难以想象，医学界这种固执己见、拒不承认错误的做法带来了多少经济上的损失，又给病人增加了多少痛苦。

追求完美会束缚你的思维

人们总是习惯追求完美。父母是对的，老师是对的，老板也是对的。重要的似乎不是事实真相，而是权威的声音。夫妻间也总是为谁对谁错而争论不休。

政党的一贯做法也是不允许自己犯错误。一个政党什么时候赞同过其他政党的意见呢？想象一下，如果双方能够把用来争吵的精力都放在解决问题上，那么我们的世界将会发生什么样的改变？更糟糕的是，追求完美还成为学习和理解的障碍。它阻碍我们继续进步，因为进步就意味着要改变自己的想法，纠正自己的错误。

如果你追求完美，那么你就把自己困在了一个小圈子中。一旦你开始允许自己犯错误，你就会感觉自己像是遨游在广阔的天地间，视线豁然开朗。

第五章

思维模式 5
把未来看作一幅拼图

顺序是发现规律的大敌

当我还在国际商用机器公司时，当时的研发主管尤金 · 富比尼（Eugene Fubini）在一次研讨会开始的时候提出了这样一个问题：4、14、23、34、42 序列的下一个数字应该是什么？结果没有一个人的回答是正确的。答案是 50，这一序列就是纽约地铁沿着第八大道停靠的站台的名称，第 50 街是第 42 街的下一站，它们前面分别是第 34 街、第 23 街、第 14 街和第 4 街。富比尼总是喜欢用序列来吸引听众。序列这个词源于拉丁语中的“sequo”，意思是“跟随”，它描述的是相似事物之间的连贯性，比如音乐在不同音调中重复的主题、电影中场景的顺序、数学中可以按照某个公式得出的数字顺序。想要弄清楚这些序列，我们就必须从看似无关，时而违背常识的事物中寻找规律。

摘取成熟的果实

有通过先把拼图摆成一条直线而完成拼图的吗？

在我上学时，历史老师就是按照时间顺序和国家顺序来讲解历史的。在课程结束时，我和同学们都可以背诵大事件及对应的日期，而对于这些事件、日期和国家的联系以及它们对彼此的影响，我们却毫无头绪。我们所学的历史都是人们以回顾的方式所编写的。历史学家和评论家们总是按照时间顺序一步步地描述历史。但是，过去、现在和将来并非如此简单，它们充斥着迂回、反复、徘徊与前进。在一个被称为“充满联系”的世界中，“想要明白一起发生在加利福尼亚州的谋杀案，首先你必须要了解克什米尔的历史”。数字序列是可以推断的，但未来是不可以推断的，而且大家现在都知道推测未来是很容易扭曲事实的。发现规律比计算的直觉性更强。

每一项重大突破都会打破人们以往的想法，这就是变化的特性。新的发现都是从已有的事物中发展起来的。比如，成熟的苹果一直都从树上落下，但只有牛顿看到“深层次的含义”；地球一直都在围着太阳转，但只有哥白尼和伽利略发现了这一规律和相关证据。

天才们的发现总是建立在常人都能发现的事物之上的，而常人却无法看到它们之间的联系和规律。比如爱因斯坦就是一个发现大师，在读大学的时候，他就以“神圣的热忱”来学习理论物理学，为今后的研究打下了基础。很快爱因斯坦就搜集到了许多前人的理论，他的研究范围很广：从宇宙这种宏观角度到亚原子等微小颗粒。他还通过阅读最新的科学报告来更新自己的这些知识。他以此为基础，对前辈们的成果提出疑问，并且指出物理学结构中的逻辑矛盾。但是，究竟是什么使爱因斯坦的成就一举超越了前人呢？

事实上，在爱因斯坦的著名论文《论动体的电动力学》（*On the Electrodynamics of Moving Bodies*）中所使用的公式几乎没有一个是全新的，大部分都为专家们所熟知。柏林历史学家、德国马普科学史研究所所长于尔根·雷恩（Jürgen Renn）一针见血地指出了问题：“许多人都说爱因斯坦是在空白的基础上创立相对论的。事实上，他所做的只是摘下了树上成熟的果实。”而这并不能够贬低爱因斯坦开创物理学新纪元的功劳。雷恩还说道：“问题是他为什么能够摘下这些果实呢？如果爱因斯坦最大的才能就是摘果实，那么他选择的时机再合适不过了。在物理学这棵大树上从来没有像那个时候那样有这么多成熟的果实挂在树上。但是这些果实是藏在树叶中的，只有非常敏锐的眼睛才能发现它们。”

的确，许多人都可以发现大部分不同领域的“成熟果实”。只有发现它们之间的规律，许多单个的“果实”才能串联成有意义的成果。

未来就是一幅拼图

未来就是一系列的可能、趋势、事件、迂回曲折、进步和惊奇。随着时间的流逝，所有的事物都会各就各位，形成一幅关于世界的完整新画面。想要预测未来，我们必须要先预测这些单个画面的发展趋势，而且我们对它们之间的联系了解得越透彻，我们所预测的完整画面就越精确。

有时，我会在卡片上写下独立的事件、现象、潮流和奇闻，然后洗牌，把它们打散，再洗牌。每次我都会注意这些新的、随意的排列是否给自己带来新的想法、新的规律。这些想法和规律是其他方法所没有发现的，它们为我提供了一个新的方式来理解这些事实。

把这些片段按照直线排列是没有什么意义的。我们必须要发现它们之间的契合点。当然，我们并不能盲目地开始。总有一些常量是不变的，我们可以把它们作为基础，然后要根据主题对这些片段进行分类，找出哪些部分是与其他部分匹配的。这可能需要很多次的实验，但在拼图的过程中，看似毫不相关的事件，在线性排列时，其相关性就会显露出来。爱因斯坦的理论也许很深奥，但简单来说，他就是选择、搜集了成熟的果实，并把它们放到了适合的位置。也许我们所做的事情没有爱因斯坦那么高深，但不管我们所做的事情的层次如何，本书提到的 11 种思维模式都会帮助我们整理、判断这些片段，并把它们合成一幅完整的图画。

《大趋势》一书出版后，我所听到的最多的评论就是：“书中提到的大部分事情都是我知道的，而你却把这些零碎的片段拼成了一幅完整的图画。”我认为，用“摘下成熟的果实”来描述我的工作是再合适不过的了。问题就是摘什么和摘下后把它们安置在哪里。本书的写作目的就是要帮助大家解决这两个问题。

当我创办自己的公司时，我需要解决的难题就是理清美国当时的形势。从本书的序言部分你可以了解到，我选择的时机再恰当不过了。我知道“自下而上”是美国社会的最大特点，因此我可以从各种地方报纸中找到关于整个国家的拼图片段。

潮流和思想都开始于地方性城市和社区的（比如坦帕、丹佛和西雅图），而不是如纽约或华盛顿这样的大城市。通过观测这些地方性非常强的信息，我发现一个新的社会模式正在慢慢成形。每一条信息、每一个片段都找到了自己的位置。当我读到医院中高科技的心脏移植手术和大脑扫描技术，并通过其他报道发现这些医院中按摩和祈祷的情况也不断增加时，我就知道它们吻合并且完善了我关于“高科技 / 高情感”[①]的公式。我发现了它们之间的相互作用，发现了高科技的引进与我们情感之间的联系。这些片段逐渐组合成为一幅完整的图画，为我们描述人们如何学习在科技带来的物质奇迹和人性的精神需要之间达到一个平衡。

① 高情感是一种形象说法，要求人们通过充分交流和互相关照来增加真情实感。奈斯比特想用高科技 / 高情感表达一种独特的观点，即高技术要与人性结合起来，平衡发展。——译者注

认真搭配，直到把它们拼成一幅完整的画面

如果我们想预测未来，那么我们总会先遇到一些需要完成的拼图。本书中提到的11种思维模式将会指导你摘下正确的果实，并形成一幅你自己感兴趣的关于未来的完整画面。寻找比赛的结果，而且在拼图的时候不要害怕犯错误。不断检验某个片段与其他部分的契合程度，慢慢它们就可以形成新的画面。

本书第二部分关于未来5个方面的预测都是通过这种方式做出的。比如，第十五章为大家介绍了帮助我得出“视觉文化正在占领世界”的8个片段；第十二章集中研究了关于世界经济的片段如何演变为新的衡量经济信息和成就的方式；第十三章和第十四章讲述了欧洲的衰落和中国的复兴；最后，在第十六章“进化时代：创新的蓄水池”中，我为大家提供了一个关于革命性改变的特性、次序以及随后的动荡期的整体画面。

在预测未来时，这种拼图游戏的做法不仅适用于宏观方面，而且适用于任何你感兴趣的微观领域。这幅图画是大是小完全取决于你自己。

第六章

思维模式 6
不要走得太快，免得让人不知道你在哪里

复兴之星

人类的文明史就是不断完善的历史。在人类发展的几千年历史中，尽管出现过波折，但总体来说，人的寿命、生活条件和自由选择的机会都得到了改善。那么，是什么成就了我们的领路人呢？

他们中的许多人都像爱因斯坦一样，离经叛道，致力于追求高于常人的目标。他们为此付出的代价就是人们的嫉妒与憎恨，当已有的理论或知识体系被他们的发现与突破所挑战时，人们的嫉妒与憎恨都是在所难免的。日语中就有一句非常形象的谚语——“凸出来的钉子总是要被敲打”。

许多推动社会启蒙与发展的科学家、发明家和哲学家也经常遭受打击。几个世纪以来，他们中的许多人都被迫屈服于权威的压力。因为他们总是远远超越自己的时代，因此妨碍了权威的利益，

给自己带来了灾难。最能抑制他们的就是宗教教条，即使在文艺复兴时期也不例外。

14 世纪，人类历史上最具创造力的一个时期开始了，后来人们称之为文艺复兴。当时，人们勇敢地站了起来，打破了中世纪的桎梏，开创了现代社会。他们满怀着对知识、行动的渴望和极大的好奇心，为现代文明奠定了基础。

前进路上的荆棘

天空在赞美上帝永恒的光辉，
它们在呼喊他的名字，
世界在赞美他，海洋也在向他致敬，
听啊，这神圣的语言，
是谁在支撑着这天空和数不清的星星？
是谁在指引着灿烂的太阳？

这是一首贝多芬在 19 世纪为之谱曲的赞美诗。在文艺复兴初期，天主教会占统治地位，神职人员掌管着科学和教育，马丁·路德还没有挑战上帝掌管天空的理论。当时的人们已经普遍接受了地球是圆的这一学说。大约公元前 250 年，尼拉多塞（Eratosthenes，又译为埃拉托斯特尼）已经计算出地球是一个周长大约为 25 000 英里的球体，但当时的教条仍然认为地球是整个宇宙的中心，教会仍然严格坚持克劳迪乌斯·托勒密（Claudius Ptolemy）在公元 2 世纪提出的地心说。

终于有人站起来提出异议了。1473 年生于波兰的哥白尼反对权威的地心说，并用精确的计算证明了太阳系中日心说的最初理论。

由于担心自己的理论会引起教会的迫害，哥白尼推迟了文章的发表。1543 年，在他即将辞世之前，他才允许自己的学生雷蒂库斯（Rheticus）出版了自己的原始手稿《天体运行论》（*De Revolutionibus*）。但是，出版商未经授权，在该论文前加上了一篇序言，歪曲了哥白尼的著作，说论文中的内容只不过是一种简化计算的方式。

20 年后的 1564 年，伽利略出生了。这位生于意大利的科学家和哲学家多才多艺，还擅长演奏鲁特琴和绘画。他最终成为天文学史中的关键人物，为人们正确理解动力学和重力学奠定了基础。他还研究了内聚力（使身体各部分结合在一起的分子引力）。伽利略不仅在科学认知方面独领风骚，还发明了钟摆的概念。早在 1582 年他就研究过钟摆的运动，甚至还在辞世前画出了一张钟摆的草图，虽然并没有把它付诸现实。关于钟摆，在本书第二部分的第十六章《进化时代：创新的蓄水池》中还会详细讨论。

伽利略这位通才会对天体的秘密感兴趣，这一点都不令人意外。1609 年荷兰人发明望远镜之后，伽利略是首批用望远镜来观察天体的人之一。他还制造了一架可以放大 20 倍的折射望远镜，虽然还比不上现在业余望远镜的水平，但在当时的确是件了不起的事情。通过发现金星和月亮一样有盈有亏，他提出了可以检验地心说和日心说的第一个实证性证据。结果发现，托勒密的地心说不仅更为复杂，而且是不正确的。这一发现从根本上撼动了神学和哲学世界观。

伽利略把天体理论的主要部分都写入了《关于托勒密和哥白尼两大世界体系的对话》一文中。这篇文章被认为是关于两大世界体系的一次客观辩论。不幸的是，伽利略把教皇的观点通过书中一个人物之口表达了出来，并对其进行了嘲讽，结果他没能逃脱教会的迫害。天主教会花了73年才禁止了哥白尼的《天体运行论》，但对伽利略的著名审判和随后迫使他收回自己言论的行动在5个月内就完成了。他也因此一直被软禁在自己佛罗伦萨郊外的别墅中，直至去世。对他来说，路上的荆棘影响了自己的整个进程。

“在科学领域，”伽利略曾经说，“众多人认可的权威未必比得上一个人的粗陋推理。”教会可以软禁伽利略，但始终无法阻止科学的前进。

飞跃的时机

大约200年后，一位英国人，查尔斯·罗伯特·达尔文不仅动摇了自然科学和宗教教条的根基，而且还挑战了上帝的权威。当时，天主教会已经在一定程度上失去了对科学和教育的控制权。1436年，约翰·古登堡已经开始研制印刷机，并于1440年完成，使得书籍等文字作品可以进入寻常百姓家。

于是，能够了解《圣经》及其教义的人数急剧增长，科学著作也是如此。1520 年，教会进行改革；1534 年，英国国王亨利八世宣布脱离天主教会，并成立英国国教会，进一步削弱了天主教会的势力。1789—1799 年的法国大革命提倡自由、平等和博爱，同样撼动了法国的宗教体系。发生于 18 世纪和 19 世纪的工业革命从根本上改变了工业面貌和社会面貌，带领人们进入了现代社会。

按照父亲的希望，年轻的达尔文首先学习医学，但他很快就开始厌恶解剖学和手术的血腥，却对自然史产生了兴趣。父亲认为他不务正业，很为他担心，于是把他送进了剑桥大学基督学院，希望他以后能够成为一名神职人员，这在当时是一个非常明智的职业选择。当时的英国国教会人员收入颇丰，这也许就是英格兰的大部分自然科学研究者都是牧师的原因。他们的教会使命与探索世界的目标是融为一体的。

1831 年，达尔文完成了神学课程，但他并不急于接受神职。相反，他花了好几年时间来参与“贝格尔”号航行考察，取得了第一手的地质研究资料。作为地质学家的他声名鹊起，《“贝格尔”号航行日记》(*The Voyage of the Beagle*)更为他进一步赢得了名望。

对生物的观察帮助达尔文了解了物种的变化，并于 1838 年提出自然选择学说。尽管他对自己的进化论确信不疑，但由于担心这一理论会给自己戴上反社会的激进民主主义者的帽子，从而给自己惹上大麻烦，因此他推迟了自己论文的发表。为了完善自己的理论，达尔文重新对植物进行了广泛的实验，并且经常咨询畜牧学家。他急切地想继续自己的实验并找到所需要的全部证据，以便在论文发表之后能够有力地驳斥别人的质疑与反对。

达尔文充分意识到，发表的时机还不成熟，所以在开始的时候只与亲近的朋友分享了自己的理论，并没有公开发表自己的论文。他希望时间可以慢慢改变人们的想法。但 1858 年 6 月，他听说阿尔弗雷德·拉塞尔·华莱士（Alfred Russel Wallace）也提出了类似理论，才不得不发表了自己的论文。

在推迟 20 年之后，《物种起源》（*The Origin of Species*）终于在 1859 年 11 月 22 日出版了，并且很快就卖出了 1 250 本。经过大家的普遍认同，科学界把进化论作为解释生物多样性的权威理论。作为整个国家对达尔文卓越贡献的认同，他死后葬于威斯敏斯特大教堂，就在牛顿的墓地旁边。

科学与宗教之争

在达尔文时期，社会与科学的进步使人们开始重新思考教会的作用，并使得曾经一度非常简单的问题，如“我们从哪里来”“我们来到这个世界上为了什么”“我们要到哪里去”等，引起了大家的广泛思考。

在很长时间里，执掌前进方向的基督教会不得不放下手中的指挥棒，但科学与宗教的冲突并没有结束。在本书第二部分第十六章“进化时代：创新的蓄水池”中，我将会讲述它们之间的一场激烈冲突——人们开始质疑上帝作为造物主的说法，并认为人类是自身物种的主宰者。

现在，人们的一些推测大大超前。人们预测人类疾病将会消失，死亡也会推迟，但必要的教育和讨论没有跟上。基因工程的可行性与合理性的冲突，也就是谁有权利引领人类发展道路的问题，将会在科学界引起轩然大波。

我们应对日常挑战的斗争也没有停止，因此我们仍然需要领导者为我们指路。

导游模式

有很长一段时间，做演讲的时候我都是急匆匆地赶到目的地，演讲结束后又急匆匆地飞走。后来，我的妻子多丽丝也开始陪我演讲。她辞去了自己的工作，成为我的私人编辑，为我打开了一扇五彩的窗户。现在去各地演讲时，我们要么早点儿到，要么晚点儿走，总之给自己多留出几天时间来对当地进行考察。在我写本章内容时，我不禁想起了各地的导游，他们带领着队伍前进，同时还通过一项既简单又有效的方式与队伍保持联系：挥舞着旗帜来引领队员前进。

导游和其他领导者的相似点在于他们都必须要处于队伍的视野范围之内。通常，领导者的才干和能力总会鹤立鸡群，远见就是其中一个方面。但是，要处理好商业领域和政治领域的日常问题不仅要依靠基本的领导技巧，还得要求他们不能超出下属的思维领域之外。维也纳爱乐乐团中就流传着这样一个笑话：在演出开始之前，有人问首席小提琴手：

“指挥先生今晚要指挥的是什么乐曲？”

“我不知道他指挥的是什么，”首席小提琴手回答说，“但我知道我们演奏的是什么。”

即使是天才领导者，也需要下属的配合才能把自己的想法付诸实践。如果我们把下属落下过远，只顾自己朝前跑，那么我们做的就是无用功。政界的情况稍微有所不同，参加竞选的大部分政治家都会被批评为目光短浅。但其中也有例外，如德国前总理赫尔穆特·科尔（Helmut Kohl）的政治生涯就比较长。在本书第二部分的第十三章还有关于科尔的详细介绍。

设立一个机动目标

当预测未来时，要做到处于整个队伍的视野范围之内可不容易。在前面的章节中，我曾说《大趋势》和《2000 年大趋势》之所以成功，是由于我把人们似乎知道，而又不确定的事物合成了一幅新世界的画面。

阿尔·史密斯（Al Smith）曾连续 4 次当选纽约州州长，1928 年还竞选过美国总统。在我的政治生涯中，曾经偶然听到过他的金玉良言：“在队伍中不要太超前，因为人们会忽略了你还在其中。”我对此受益匪浅。他是一个心思极为敏锐的人。一次在他竞选州长的时候，一个反对者在后面大声喊道：“告诉他们，你都知道些什么，阿尔。就一分钟的时间！”史密斯立即回击道：“我会告诉大家你和我都知道的事情，时间不会超过一分钟。”

阿尔·史密斯是第一个竞选美国总统的天主教徒，尽管后来他输给了赫伯特·胡佛。约翰·肯尼迪是第二个竞选总统的天主教徒，也是第一个在总统竞选中胜出的天主教徒。约翰·克里则是第三个参加总统选举的天主教徒。在他参加竞选的时候，天主教徒身份已经不再是一个障碍，而史密斯和肯尼迪当时在参选时却因此而遭遇巨大困难，我认为这表明了美国社会的进步。

阿尔·史密斯关于游行队伍的比喻一直刻在我心里，它是我所听到的关于领导力的最有价值的建议之一。它帮助我避免过度地陷入未知世界中，否则我就不是在预测未来，而是在盲目地猜测了。我们对自己邻居的关心要远远多于对另外一条街的人的关心，对于未来我们也是如此。人们想知道的是与现在生活相关的、不久的将来会发生的事情。

人们的猜测和解释有时又过于直接。20 世纪 60 年代末，人类成功登上月球后不久，许多评论家就已经开始想象在月球上建立第一个房产项目和火星探险旅行。其他的预测还有电视将成为新的主要教育手段，直升机会取代汽车成为通勤工具，药丸会取代食物，机器人会料理我们的家务，汽车也可以实现远程控制。但是，这些线性推断就像慢慢上升到空中的气球一样，很快就会失去空气甚至生命力。

发送者和接收者必须处于同一频率之内

我们真的很难说领导者究竟应该领先队伍多远的距离，而且这要根据不同情况而定。在政界，你既需要超越群众来展示自己的洞察力和对群众的情感，也需要稍微超越时代来体现自己的远见。公司领导只能稍微超前于自己的队伍，因为他们要与下属好好沟通，才能料理自己的生意。不同技术领域的领导者们似乎都被期望要超越自己的下属。不管怎样，市场才是决定性因素：对于政治家们来说，选民就是决定性因素；对于商业领域和技术领域的领导者来说，顾客就是决定性因素；对于那些有志于揭示未来的人们来说，大部分人都会犯的一个错误就是在队伍中太过超前。稍稍收一下你们的缰绳吧！

第七章

思维模式 7
要变革，先让人们看到收益

自由、平等、博爱或者死亡！

标准、官僚就是死亡！

“欧盟宪法是完美的，虽然可能比美国宪法要略逊一筹。”2005 年 4 月 20 日，法国前总统、欧盟宪法之父瓦莱里 · 吉斯卡尔 · 德斯坦（Valéry Giscard d’Estaing）如是说。

2005 年 5 月 29 日，法国人首先对欧盟宪法说“不”。法国人和随后提出反对的荷兰人都没有发现这部由政治精英们撰写的宪法对自己有什么好处，800 页的规章和原来的一些条约协议让普通人难以理解。而“略胜一筹”的美国宪法只有 12 页，只规定了总的原则，十分通俗易懂。法国和荷兰对欧盟宪法的否决在整个欧洲引起了连锁反应，其他许多国家都因此推迟了全民公决。虽然这对于宪法的支持者来说不啻为一场灾难，对欧盟 25 个成员国的人民来说却是一个好机会，大家可以趁此机会对它进行修改，使之成为一部可以为全体成员国服务的宪法。

自此之后，欧盟宪法一直进展缓慢。许多人都在讨论批准它的必要性，而认为应该对它进行修改的声音却相对微弱。除非对它进行修改，并使之显现出为各国人民带来的利益（当然，是否真的能够带来好处，还是一个值得怀疑的问题），否则大家对它的抵制不会消除。欧盟正面临着应对人民正当要求的挑战，如制定一部合理的宪法，使大家理解一些必要的经济措施，如减少昂贵的福利项目等。这对欧盟来说是一项艰巨的任务，因为它到现在也没搞清楚自己的定位和未来发展的方向。

40 多年前，当欧盟的前身欧洲经济共同体刚刚起步的时候，如果有人告诉我有一天我将会居住在欧洲，我是不会相信的。那时，我正在去往亚洲的路上，打算在泰国住一年。那是 1967 年，我还在国际商用机器公司工作，第一次深切地体会到只有首先使人们了解改革能够带来的利益，改革才会受到他们的欢迎。当时我要在泰国开展一个项目，帮助东北部地区加快农业发展。我们极力说服农民种植 1/3 的水稻，并在水稻中间种植其他庄稼。但是，他们抵制这一做法。我们后来发现，他们之所以抵制是有充分的理由的：他们知道基础设施是无法满足多余的粮食生产的。在我们解决了这个问题之后，他们立刻十分开心地接受了新的种植方式，并且享受由此带来的收入增长。

自此之后，每年我都会去几次亚洲。我发现亚洲人，特别是中国人，只要确信能给自己带来好处，就会不遗余力地抓住机会，适应任何变化。我经常被他们的这种活力深深打动。此前，许多中国人都离开了自己的祖国，海外华人也成为国际上一支重要的经济力量。现在当他们看到了祖国的巨大商机后，他们又回来了。海外华人给中国带来了经济与知识方面的支持和商业方面的活力，而中国国内数亿的农村人口也在努力脱贫致富。在上海，我们认识了其中的两个：李凤和李闯（音译）夫妇。

他们在中国中部地区的一个小村庄长大。李闯的父亲是一位菜农，李闯从小就和父亲在这块祖祖辈辈耕作的农田里辛苦劳作。后来他娶了李凤，然后似乎也要重复老一辈的生活。即使在这个偏远的小村庄里，人们也听说了大城市中的工作机会。因此，李闯开始考虑，如果自己收入能够好一点，就可以让孩子接受更好的教育，更好地赡养自己的父母，改善全家人的生活。这个前景似乎相当诱人，值得他为之努力。

我和多丽丝是在几年前一次访问上海的时候认识李闯的。

我们在上海时都是住在波特曼丽嘉酒店，因为那个酒店可以提供良好的服务，而且它还紧邻上海的老城区，让人感觉新老中国就在咫尺之间。那是一家五星级豪华酒店，其中有些套房一天的价格要比大多数上海人一年的收入还要高。它的周围就有一些老房子，人们把衣服晾在窗外的晾衣竿上，或者干脆就在树上或者路灯杆子上扯根绳子晾在上面。（当然，每次我们去上海，都会发现越来越多的老房子已经被拥有现代设施的现代建筑所取代。）

从酒店出来的一个拐角处有一间简陋的小屋，里面有一个小柜台，李闯夫妇就在那儿卖水果、小吃和饮料。在柜台后面还有一个看起来像帐篷的东西，我们猜测可能是储藏室。多丽丝特别想知道这对夫妇怎样看待自己的小柜台和50米之外的菲拉格慕、路易·威登等国际品牌之间的巨大落差。她向交往多年，已经成为我们的朋友的酒店公关部总监温雪薇询问这对夫妻的情况，于是雪薇向我们讲述了李闯的故事。

李闯夫妇是冒着失败的危险离开原来的农村生活的。他们只是想，既然在上海有许多建筑工地，那么卖些小吃和饮料应该是个不错的生意。于是，他们在酒店旁边设立了那个小柜台，因为周围的建筑工地是24小时不停工的，他们的主要顾客就是建筑工人，因此他们也是24小时营业的。那个被我们认为是储藏室的帐篷就是他们的家，夫妻两个在里面轮流休息。

这样的生活状况让我们感到不安，但我们知道不能够以己度人。雪薇安慰我们说，李闯夫妇对现在的生活状况是十分满意的，稳定的建筑工人客源使得他们有了足够的收入来维持自己的生活，也能够养活在老家跟着爷爷奶奶生活的孩子。他们的生活比起老家人的生活还是不错的。雪薇还补充说，2005年年底的时候，她曾经问过李闯为什么他的妻子露面的次数比原来少多了。李闯告诉她说，妻子在这条街上又开了一个小卖部。2006年7月我们再次来到上海的时候，还在他那里买了一些桃子，而且我们注意到，他们已经不再住在那个简陋的帐篷里了。

在中国，从经济增长中分得一杯羹的强烈愿望使得人们乐意四处迁移，这与我在欧洲观察到的情况截然不同。欧洲人的心态与中国人是相反的，他们必须先看到利益才愿意为之努力。他们不会随着工作而迁移，许多欧洲人都是在等待工作找上门来，而且仍旧认为一份稳定的工作和一栋房子应该是一辈子不变的事情。最近我看了一个电视节目，其中的讨论让我深感不安。节目中，一些维也纳年轻人说，他们宁愿失业，领取政府的救济，也不会选择离家 100 英里之外的工作。

值得庆幸的是，这些维也纳年轻人并不能代表所有的奥地利人，更不能代表所有的欧洲人。欧洲人的确喜欢坚持传统，但并不意味着他们的生活方式、分配方式和思维方式都会墨守成规，一切都会一成不变。不变的是我们都要维持生计，不管是做老板还是为别人打工，而且那些最早接受必要的改革的人会获利最多。体育仍然是说明这一问题的一个很好的例子。

让我们回忆一下我在“思维模式 1：很多事情变了，但大多数事情没有变”中用到的篮球投篮的例子吧。篮球的规则并没有改变，但在单手投篮的优势面前，很少有人再顽固地反对汉克·路易塞提的新投篮方式了，毕竟以单手投篮的方式赢得比赛还是以双手投篮的方式输掉比赛，这两种结果哪个更诱人是不言而喻的。纳特·霍尔曼歇斯底里的声明“如果我的队员也这样打篮球，那我宁愿辞职”，最终也成为人们的笑谈。

福斯布里式跳高刚刚发明后情况也是如此，他的教练开始的时候也试图让他回到传统的跨越式方式。迪克·福斯布里的跳高方式挑战了传统思维，但它打破了世界纪录，并彻底改变了跳高技术。在体育界，成绩很快就能够决定未来的道路。

在商业领域，变革所需要的时间有时可能稍微长一些，但最终起决定性作用的也是市场，就像体育运动一样。

当然，有些人对于变革的抵制也可能是由于固执或者无知，但希望在生活中进步的人们，一般都不会因为无法承担变革的代价而抵制它。相反，当察觉到潜在的利益时，人们通常都会热烈欢迎变革的。

只有脚下的东西有足够的价值，你才会弯腰

在心中思考一下下面两个问题：什么会给你带来回报？什么会使你受到惩罚？比赛结果可以告诉你什么时候变革会带来回报，什么时候鼓吹变革只是在追求海市蜃楼。因此，对变革的抵制可能是有道理的，也可能是固执的表现。

让公众明白变革的好处是那些引领潮流的人们的责任。领导者如果想要成功实现变革，就必须要让下属明白变革的好处。普通民众并不是变革的倡导者，除非他们真的相信变革能给自己带来好处，否则他们是不会支持的。

不要小看人民的智慧。如果他们抵制变革，抵制你所认为的应该受他们欢迎的变革，这可能是因为你没有把变革的利益显现出来，也可能是因为他们是对的。在这种情况下，不要为他们的抵制而感到悲哀，你应该首先寻找他们之所以会抵制的原因。请注意，在我前面讲述的体育运动的故事中，抵制变革的并不是运动员——运动本身的参与者，而是教练。

第八章

思维模式 8
改变是需要时间的

一场马拉松长跑

开始的时候它只是一个玩具。公元前 4 世纪中国儿童的一个玩具可以被称为直升机的祖先，它是用圆木棍做成转轴，顶端放上十字交叉的羽毛。孩子们把它放在手掌中旋转，就会产生足够的力量，使它在空中飞翔一段距离。

在文艺复兴时期，达·芬奇也曾设计过几种飞机，其中就包括第一架直升机。虽然这些模型都没能飞向天空，但这种创造性和机械工程思维远远超越了那个时代和当时人们的想象。

大约 450 年后，德国诗人贝尔托·布莱希特（Bertholt Brecht）为了纪念自己的同胞——一位发明家兼飞机工程师，写下了这样一首小诗：

乌尔姆的裁缝

“主教，我可以飞上天空，”
裁缝对主教说，
“看看我是怎么做到的！”
他升了起来，还带着两个怪异的东西，
像是一对粗糙的翅膀，
飞向教堂的上空。

主教的脚步并没有因此停下。
“这是纯粹的谎言，
人类不是小鸟，
永远不可能飞翔。”
主教说。

“裁缝死了。”
人们告诉主教。
“死在风雨中。
风雨打碎了他的翅膀。
他摔死在
教堂硬实的院子中。”

“丧钟将会响起，
这是纯粹的谎言，

人类不是小鸟，

永远不可能飞翔。"

主教说。

布莱希特的这首《乌尔姆的裁缝》是献给发明界的一名悲剧人物——阿尔布莱希特·路德维格·贝尔布林格（Albrecht Ludwig Berblinger）。在 13 岁的时候，贝尔布林格就失去了双亲，不得不做了一名裁缝，但他真正感兴趣的是机械学。于是，他利用闲暇时光进行一些发明，包括世界上第一个带有关节的义肢。

他最伟大的发明就是一架滑翔机。虽然要不时地面对人们的冷嘲热讽，但他还是在 1811 年建造完成了第一架能够飞行的滑翔机（1986 年，人们利用一个飞机模型证明了这一点）。不幸的是，本以为会永载史册的第一次公开演示却极为糟糕。那一天，甚至连国王和其他王室成员们也来到了现场，由于技术上的原因，飞行被迫推迟。第二天，尽管国王没有前来，但王子们和王室成员们仍旧前来观看。不幸的是，第二次试飞又失败了。由于顺风的气流和错误的试飞时间，滑翔机在众人的一片嘘声和大笑中栽进了旁边的多瑙河。贝尔布林格的职业生涯和社交生活也就此结束了。

另外一位曾经完成过 1 000 多次滑翔机飞行的德国飞行界先驱奥托·李林塔尔（Otto Lilienthal）这样总结了自己的观点："发明一架飞机并没有什么大不了的，建造一架就是不小的成就了，但把它送上天空才是最了不起的事情。"1896 年，李林塔尔因为滑翔机失事而受伤严重，两天后与世长辞。

莱特兄弟的最大成就是于 1903 年 12 月 17 日试飞的一架装有发动机的飞机。在经历了长时间的实验与失败之后，飞机制造的现代史终于被掀开了，而且直到现在，人们仍然在不断地完善飞行技术。

飞行技术在未来肯定还会继续发展。比如，机身设计师和空气动力学工程师都知道，现今商业飞机的外形仍然不太理想，它们跨度很宽，而且机翼都是固定的。由于负荷很重，因此在起飞与着陆时需要相当大的提升力。在高速飞行的过程中，它们还会产生很大的拉力，从而降低燃油的能效。根据空气动力学的原理，副翼只能部分改善状况。尽管近年来不断有人提出新的适应性机翼的概念，但商业飞机的机翼还是变得越来越宽。

期待的事情总比我们预期的来得要慢，即使对于未来学大师阿瑟·克拉克（Arthur C. Clarke）来说，情况也是如此。克拉克最著名的成就莫过于根据他的短篇小说拍摄的电影《2001 太空漫游》（2001：*A Space Odyssey*）以及他对于卫星将用于通信的预言。他在 2000 年发布的关于 21 世纪的时间表中，曾预测第一个克隆人会在 2004 年诞生，最后一个煤矿会在 2006 年关闭，到 2010 年电子监控设备会杜绝职业罪犯的现象。但是，结果又怎么样呢？

不仅仅是蒸汽

就像第一架滑翔机一样，第一台由蒸汽所推动的机器也是孩子们的玩具。它是由亚历山大时期的一位希腊人于公元前 100 年发明的。

大约 1 800 年后，一位英国铁厂工人托马斯·纽科门（Thomas Newcomen）发明了可供利用的蒸汽发动机。其中的一台于 1712 年安装在斯塔福德郡的一个煤矿，用来抽出矿井中的水。纽科门的发动机极其昂贵，但其耐用性也十分惊人。127 年后，其中的一台还在彭特林齐使用。还有一台发动机在巴恩斯利市一直工作到 1934 年。人们通常认为苏格兰人詹姆斯·瓦特发明了蒸汽发动机，这其实是一种误解。他只是在 18 世纪 60 年代改良了发动机的技术，使其更加快速、安全和高效。

就像故事中所说的那样，瓦特是在格拉斯哥绿园散步时激发了关于发动机的灵感的。当地人还在那里立起了一块石碑，因为就像苏格兰人所说的那样，那里才是工业革命真正开始的地方。

从最初想法的产生到制造出可以使用的机器所需要的时间虽然已经变得越来越短，但仍然需要一段时间，而且总会比我们预计的要长一些。计算机也不例外。

第一台计算机是在 20 世纪三四十年代设计出来的。人们通常认为是德国人克兰德·楚泽（Konrad Zuse）发明了它。楚泽的公司在 20 世纪 60 年代被西门子公司兼并。1938 年，他建造第一台可储存、可编程的计算器的，但运行情况并不好。在“二战”期间，第三帝国空气动力研究所资助了他的研究，也因此诞生了一些机器模型。而第一台称得上现代意义上的计算机“爱达赛克”（EDSAC,

延迟存储电子自动计算机）是1949年在英国剑桥大学设计建造的。1974年，一种被称为微型计算机的新型设备开始占领市场，并很快进入了公司和家庭。

插上翅膀的话语

电话、电影和收音机的发明史都大同小异。它们都是始于19世纪，经过马拉松般的长跑，到20世纪才进入公司和家庭中。

19世纪70年代，亚历山大·贝尔和埃利萨·格雷（Elisha Gray）分别设计了能够通过电子信号传输声音的仪器。到19世纪80年代，美国已经拥有48 000部电话。而且这一数字还在迅速增长：到1910年，使用贝尔系统的电话达到550万部；到1924年，电话的总量更是增长到1 500万部。

尽管电话是在19世纪末发明的，但直到20世纪晚期才在美国和欧洲普及开来。后续相关产品的开发也加快了电话的普及。但是，美国无线电公司在1939年提出的“可视电话”的概念就过于超前，直到现在它也没有普及，只有可视手机渐渐开始流行起来。

而传真机从投入使用到普及只用了15—20年的时间。我还清楚地记得自己在1983年买的第一台传真机是必能宝牌的，足有一辆轻便卡车那么大。当时，我的问题就是找不到一个可以接收传真的熟人。如果世界上只有20部传真机或者电话，那么它们也实在没什么用处。另外一个迅速普及的科技产品就是手机，它只用了不到10年就被大众所广泛使用。

活动的画面

差不多就在电话开始传输长途信号的时候，摄影也大步迈向了电影。法国的路易斯·卢米埃尔和奥古斯塔·卢米埃尔兄弟（Louis and Auguste Lumière）的父亲对托马斯·爱迪生活动电影放映机的演示十分着迷。受到父亲的影响，卢米埃尔兄弟也开始研制一种被他们称为“活动电影机”的机器。1895 年 12 月，他们在巴黎卡皮欣大道上的“格拉咖啡馆”的地下室里播放了他们制作的第一部电影。看完首场电影后，一位巴黎的记者预测了光明的前景：

> 摄影的对象已经不再是静止的物体，它使运动的场景成了永恒。当它被公众所掌握之后，当任何人都可以拍摄下自己心爱的人的影像、运动、动作、熟悉的手势和口中的话语后，对于他们来说，亲人的死亡就将不再是彻底的消失。

卢米埃尔兄弟拍摄的电影之一《火车进站》（*L'arrivée d'un train à La Ciotat*）所引起的最大反响就是恐慌。据说当看到电影中火车朝自己驶来时，观众们都惊恐地四散逃窜。

很快，卢米埃尔兄弟就发现了这一发明的商业价值，并开了一家剧院来放映电影。结果，想要看电影的人在街上排起了长龙，观众们都被这一新鲜事物迷住了。卢米埃尔兄弟还培训了许多摄影师，把他们派往世界各地进行拍摄。很快，其他的电影公司也诞生了，电影业也成为一项独立的产业。制作和放映电影的专业电影公司和电影院开始发展起来，演员们也步入社会名流之列，他们的演出费也随之水涨船高。例如，查尔斯·卓别林 1917 年的年薪就达到了 100 万美元。

这种对于电影的狂热在社会上迅速蔓延开来。1915 年，格里菲斯（D. W. Griffith）这位在电影发展史上极为重要又极具争议的电影人接受《纽约时报》的采访时说道：

> 10 年之内，电影就可以代替教师在学校中教授任何科目。当然，学生们也不需要再学习历史了。比如，我们可以想象一下，公共图书馆在不久的将来会是什么样子，里面会布满按门类编排好的一排排的“盒子”。每个“盒子”前面都会有一个按钮和一把椅子。假如你想了解拿破仑的一些逸事，你只要在一个设施完备的房间中，坐在调节好的屏幕前面，按下按钮，就可以看到重现的往事了。而现在，你不得不咨询许多权威人士，阅读大量的相关书籍，到最终仍然可能因为各种互相矛盾的观点迷惑不解，搞不清事实的真相。

格里菲斯的预言在今天听起来仍然十分熟悉，不是吗？

声音和图像

在 19 世纪末的发明大潮中，收音机也粉墨登场了。同大多数发明一样，收音机也经历了科学发明、技术完善，并且最终投入商业应用的一个过程。我还记得第一台收音机在我的家乡犹他州格伦伍德引起的巨大轰动。大人们都聚集到大厅里听总统罗斯福的“炉边谈话”。格伦伍德拥有第一台收音机的时候，它在其他许多地方已经相当普及了——它毕竟需要经历一段时间才能到达我们偏远地区。

海因里希·赫兹（Heinrich Hertz）是推动收音机发展的主要先驱之一，早在 1888 年，他就利用詹姆斯·克拉克·麦克斯韦尔（James Clerk Maxwell）的理论解决了收音机无线电波的接收与发送问题，这远远早于它投入商业生产的时间。古列尔莫·马可尼（Guglielmo Marconi），一个对物理和电子科学有着浓厚兴趣的年轻人，接过了麦克斯韦尔、赫兹、奥古斯托·里奇（Augusto Righi）、奥利弗·约瑟夫·洛奇爵士（Sir Oliver Joseph Lodge）和其他科学家的科研接力棒，并于 1897 年获得了第一项无线电报的专利。马可尼关于产生和接收无线电信号的实际系统的展示还引起了全世界人民的兴趣。直到 1912 年，美国才有了关于无线发报机的许可制度和相关规定。“一战”期间，民用无线电活动被全面禁止，但在此期间政府控制下的无线电技术取得了长足发展。战争结束之后，禁令也相应解除，随着真空管技术的采用和完善，无线电行业迅速发展起来。

无线电行业在经历了一段时间的发展之后终于开始赢利，一些大公司也应运而生，比如美国电话电报公司、通用电气公司和西屋电气公司。在政府的压力下，马可尼的资产卖给了通用电气公司，后者以此为基础成立了美国无线电公司。从 20 世纪 20 年代第一个无线基站的建立到收音机在千家万户的普及，也经历了很长一段时间的。（同样，本书第二部分第十六章“进化时代：创新的蓄水池”中将详细讲述这些革命性的发明创造在经历了长时间的完善之后，是如何创造巨大的经济效益的。）

人们对于这一新媒体的期望也随着相关技术的完善而不断高涨。1921 年，俄国诗人维利米尔 · 赫列勃尼科夫（Velimir Khlebnikov）预言了人类的美好前景：“未来的收音机，也就是我们的意识中枢，将为我们应对未来无穷尽的新任务开辟一条新的途径，而且还将把全人类团结起来。”结果，18 年后“二战”的爆发，证明了这一论断是太过乐观了。

1923 年，麦吉本（J. M. McKibben）的《美国人的新生活》（*New Way to Make Americans*）通过收音机传到了千家万户。对于新技术，他说道：

> 现在，我们的国家正在被慢慢征服，征服它的并不是公开战场上的某一个敌人。我们的国家正在被许多个阴险的敌人（虽然可能是无意识地）和平演变。我们的国家接纳了数以百万计的外国移民，却很少或者根本没有考虑他们的同化问题。现在，危机已经来临，我们必须在缺少强有力的领导者的情况下面对它。也许没有一个领导者可以把 1.2 亿美国人融为一个和谐的整体，用民族意识把大家紧紧团结在一起。但是，一股刚刚诞生的力量就可以胜任这个任务，它就是收音机。

第二年，另外一个预言又诞生了。《纽约时报》的科学编辑沃尔德马·肯普弗特（Waldemar Kaempfert）这样写道：

> 美国和英国已经成为广播界的老大。如果这一状态能够持续下去，那么英语将成为世界语言。和我们在大众娱乐和大众教育方面做出的努力相比，来自欧洲大陆的竞争是微不足道的。世界上所有的耳朵最终都会竖起来倾听美国和英国的声音。欧洲大陆也将会十分乐意地学习英语，他们甚至不得不学习英语。

现在，我在欧洲生活或者旅行的时候，发现几乎所有的电台都在播放美国歌曲，我不得不承认肯普弗特的话是有一定道理的。

美国无线电公司还在1939年的纽约世界博览会上推出了比收音机更加先进的产品——电视机。美国无线电公司主席大卫·沙诺夫（David Sarnoff，也译为戴维·萨尔诺夫）宣布："现在我们给声音添加了图像。我惶恐地站在这里宣布一项必将影响整个社会的新技术的诞生。它就像一把火炬，将为我们在这个纷繁的世界中照亮前进的道路。"

电视想要赶上收音机的普及程度，还有很长的路要走，《纽约时报》等媒体也对它持怀疑态度。在1939年美国无线电公司宣布电视的诞生之后，《纽约时报》的一篇社评说："电视机的缺点就是人们必须坐下来，目不转睛地盯着屏幕。而普通的美国家庭是没有这个时间的。因此，电视永远不会对无线广播形成真正的威胁。"

但是，人们对电视的热情没有因此而消退。1946年，一家电视公司的制作总监托马斯·哈钦森（Thomas Hutchinson）这样写道：“电视意味着你和世界上的其他人可以共享一个世界。它是人类发明的最伟大的交流工具。它应该在培养睦邻友好关系、促进人类相互理解及平等方面发挥更大作用，而不是关注其他的物质因素。”这很容易让人联想到当今人们对于互联网的评论，不是吗？

电视机是花了几十年的时间才进入了我们的客厅的。20世纪20年代美国就在小范围内多次播放了电视节目，1932年，电视以酒店节目的形式进入了英国。1933年，艾奥瓦州立大学与电台合作，开播了两个每周一次的电视节目。当1936年德国第一次报道奥运会时，全世界仅仅有大约200台电视机。1948年，宾夕法尼亚州首次使用了有线电视，使得偏远地区也可以观看到电视节目。我第一次看电视是1952年，在盐湖城的一次犹他州大学联谊会上，当时的节目是纽约扬基队和布鲁克林道奇队的棒球比赛，最终纽约扬基队以4 ∶ 3获胜。

对于这一新媒体，我最欣赏的是杰出诗人艾略特（T. S. Eliot）在1963年做出的评价。他说：“电视这一娱乐传媒虽然可以让无数的人在同一时间欣赏到同一个笑话，但人们仍然感到孤独。”

在科技创新的潮流中，无数个商业机会应运而生。除了对社会产生巨大影响的重大科学进步外，更多时候是一些琐细的物品吸引了等待商业机会的人们的注意。有这样一个密切关注商业动态且富有冒险精神的人，他一直在推动某种饮料的生产和质量改进。对于现在的许多人来说，没有这种饮料他们就不愿意开始一天的工作。这种饮料就是咖啡。

历经 20 年的一举成功

我的妻子总是说我煮的咖啡是世界上最美味的。在这种情况下，你就不难理解，当我听到女儿直言不讳地说同样的咖啡根本无法入口时，我有多么震惊。我的女儿之所以会有这样的评价，是因为她迷恋的是一个小小的咖啡机制作的咖啡。当她和她丈夫装修新家时，竟然把一台（现在他们的家里已经有 4 台了）这样的咖啡机放在了卧室中本应放置先辈画像的地方。我就这样知道了奈斯派索（Nespresso）胶囊咖啡，并对它们公司的故事产生了兴趣。

到 20 世纪 70 年代，雀巢公司（Nestlé）一直是速溶咖啡市场中的老大。那些时间有限，但又十分需要咖啡的人们就用一两勺速溶咖啡和热水来代替“真”的意式浓缩咖啡。虽然它的味道不够完美，却快捷、卫生。

早在 20 世纪 60 年代末，雀巢的一家竞争对手就提出了胶囊咖啡的想法。这一想法就是直接在家里和单位中制作出高质量的意式浓缩咖啡，使它的口感就像在意大利咖啡馆中的一样美妙。雀巢担心自己错过良机，所以买下了当时还处于初级阶段的该项专利。

于是，开发这一商品的漫长旅途开始了。在 20 世纪 70 年代，雀巢的研发部门完善了路易吉 · 贝塞拉（Luigi Bezzera）对咖啡的最初概念，咖啡机和咖啡胶囊在20世纪80年代中期问世了。1986年，奈斯派索公司成立，根据人们对咖啡口味要求不断提高的预期，他们开始研制奈斯派索系统——在家庭或者单位使用的一个先进的小型咖啡机以及设定好剂量的咖啡胶囊。

如果不是因为奈斯派索之父——雀巢董事会的一个成员一如既往的支持的话，奈斯派索这个雀巢的子公司可能永远也不会成功。它经历的是一个漫长而又艰辛的过程，没有多少人看好它。在很长时间内，甚至没有一个竞争对手涉足这一领域。公司严重亏损，三次濒临倒闭的边缘，公司内的许多人都认为它不会有什么前途。但是奈斯派索之父并没有丧失对这个似乎不争气的“女儿”的信心。几年之后，奈斯派索开始显现出了一些生机，但又经过了一个10年，他们才实现了真正的突破。我曾经问过奈斯派索的国际市场总监奥利弗·基耶（Olivier Quillet）：“你们成功的原因是什么呢？”“真正的转机出现在2000年，”他回答说，“那时距离我们购买专利已经过去了30年。所有员工共同努力，完善机器的设计，在电视上做广告宣传，并且在欧洲开设了50多个专卖店。”奈斯派索，这个定位于满足人们对高品质咖啡的需求的品牌，终于开始大规模进军家庭和工作单位。

“比赛结果”是，奈斯派索现在是雀巢增长最快的部门。2006年2月，雀巢宣布奈斯派索的收入已经增长了30%，它的产品销售额超过了5亿美元，在两年内有望突破10亿。它在35个国家拥有了12 000个销售点，每年还会有新的附加产品出现，而且巧克力、饼干和其他一些附加产品的销量也和它的主打产品咖啡机和咖啡胶囊一样节节攀升。

奈斯派索环境优美的专卖店欢迎它的新老顾客去品尝各种口味的咖啡。就像照相机总是需要胶卷，剃刀总需要新的刀片一样，咖啡机也需要不断补充胶囊。这就是经典的商业模式。如果你买了奈斯派索的咖啡机，那你每个月都需要购买咖啡胶囊。现在一共有 40 多种不同口味的胶囊供人们选购，而且奈斯派索还在不断推出新的品种。如果咖啡的口味不够理想的话，那么这一切都无法实现，因此奈斯派索一直在努力保证咖啡的质量。它把顾客看作最挑剔的咖啡美食家，只有口感最好的咖啡才能使他们满意。事实证明，奈斯派索所走过的路程要远远长于他们的预期，但最终他们还是挖开了这座富足的金矿。

期望的实现总是比较慢

简单回顾一下历史可以提醒我们一些事实。我的生活经验，就是期待的事情总比我们预期的来得要慢。我们总是低估发明创造从最初的想法形成到完全普及所需要的时间。生物科学和纳米技术这些新兴领域也还需要很长一段时间来发展、完善。

震撼我们的都是意料之外的事情，比如艾滋病和“9·11”恐怖袭击。至于人类和大自然的其他物种，几乎所有的变化都是进化性而不是革命性的。事物的发展是需要时间的，而且这一时间总是要比我们预期的长。

第九章

思维模式 9 成功靠的不是解决问题，而是利用机会

“明智”的人适应环境，不“明智”的人让环境适应自己。所有的进步都是依靠那些不“明智”的人才实现的。

乔治·萧伯纳

成为加利福尼亚州州长是他长期以来的梦想。任何一个了解他的人都知道，这个在家乡奥地利施蒂利亚州被人们亲切地称为“施蒂利亚橡树”的阿诺德·施瓦辛格（Arnold Schwarzenegger）迟早能够实现自己的这个梦想。当然，想要实现这一目标可能还有一些问题需要解决，而且要进行长时间的精心准备与计划。

当时是 2003 年，下一次的州长竞选是在 2006 年的 11 月，而初选时间是 2006 年春。谁有可能在共和党的初选中崭露头角呢？为了赢得初选，应该从现在开始就做些什么准备呢？民主党中也会有人在 2006 年春天的初选中胜出，但现在我们必须要集中精力考虑的是如何先在共和党的初选中获胜。竞选计划开始了。

但就在2003年，时任州长的格雷·戴维斯（Gray Davis）遭遇信任危机，人们强烈要求进行投票来决定是否罢免他。就这样，一个通向州长之位的大门突然敞开，施瓦辛格也已经做好准备。施瓦辛格的话说得很好：“历史性的选举已经到来，因为加利福尼亚的领导严重脱离了人民。”

2003年10月7日，加利福尼亚的选民回答了两个问题：

问题1：（在前一年的11月刚刚开始自己的第二个任期的）州长格雷·戴维斯应该被罢免吗？应该还是不应该？

问题2：如果戴维斯州长被罢免，你认为谁应该取代他的职位？

在第二个问题的后面还附有一个135名候选人的名单，其中就包括施瓦辛格。谁得到的票数最多就获胜。结果是，戴维斯被罢免，施瓦辛格当选了新一任州长。在竞选过程中，施瓦辛格曾许诺，如果自己胜出，将不再继续拍摄电影。这一承诺对赢得选举也起到了重要作用。

施瓦辛格获胜的秘密就在于他已经做好了充分的准备，一旦机会来临，他就毫不犹豫地抓住它。

铁幕的一条裂缝

20世纪80年代末，一个巨大的政治转机在民主德国出现。

那是从铁幕上的一条裂缝开始的。铁幕这一说法最初来自剧院。19 世纪，在欧洲的剧院经历过几次严重火灾后，政府强制它们在舞台和观众席之间安装了一道铁制的幕帘，以防止大火从舞台蔓延到观众席中。进入 20 世纪，这个词语被赋予了新的含义。

1945 年，英国首相温斯顿 · 丘吉尔把它变成了一个政治地理学标志："从波罗的海边的斯德丁到亚得里亚海域的里雅斯特，已经拉下了横贯大陆的铁幕。"社会主义国家警惕地守护着自己的领地，这一铁幕的冷酷标志就是那堵把柏林城一分为二的柏林墙。直到柏林墙被推倒前夕，铁幕和柏林墙看起来似乎都是牢不可摧的。

民主德国的崩溃和德国的统一，要部分归因于自 20 世纪 80 年代末苏联的转变。为了避免苏联解体，米哈伊尔 · 戈尔巴乔夫开始改革，并放弃了对华沙条约集团成员国的领导权，同时还计划加强与西方国家的合作。他的一系列措施促进了波兰和匈牙利的民主化进程。从 1989 年年末起，匈牙利开始允许民主德国的公民穿过边境到奥地利，然后转往联邦德国。这样，铁幕上的第一个裂缝出现了。

在大批民主德国的公民逃往匈牙利的同时，民主德国国内反对派的力量也在逐步壮大。德共总书记埃里希 · 昂纳克在柏林墙倒塌不久前还宣称柏林墙将会至少存在 50 年，甚至 100 年，他的被迫辞职成为德国统一的催化剂。

在柏林墙的西面，总理赫尔穆特 · 科尔一直在不断强调统一是联邦德国的目标。尽管如此，人们对它的现实期望并不高。就在柏林墙倒塌的前几天，联邦德国还进行了一次关于人们对于统一期望的民意调查。结果，80% 的人都希望德国能够统一，但只有 3% 的人相信这一愿望能够在自己的有生之年实现。

1989 年 11 月 9 日，我从法兰克福飞往华沙去会见一些商会的领导。到达酒店后，我习惯性地打开美国有线电视新闻网，结果我简直不敢相信自己的眼睛：成百上千的人们正在翻越柏林墙，而从 1961 年 8 月 13 日开始，先后已经有 190 个人因为翻越这堵墙而被击毙。很快，人群就翻了过去，受到了含着泪水的联邦德国公民的热烈欢迎，他们也从四面八方涌来见证这一仿佛出现在梦中的场景。这一切来得似乎太突然了。

11 月 10 日一大早，我乘坐第一班飞机飞向柏林，想要见证这一历史时刻。

一直在为德国统一而努力的总理赫尔穆特·科尔也没有想到柏林墙的倒塌来得那么快，但他很快发现，这是一个打破铁幕、统一德国的好机会，而且他知道这可能是自己唯一的机会，所以他很快行动起来。1989 年 11 月 28 日，也就是在柏林墙倒塌的 19 天后，在没有和任何西方国家商量的情况下，他向联邦德国联邦议院提出了一个统一德国的“十点纲领”。但是，德国的统一并非那么简单，它必须要征得“二战”战胜国的同意才行。

这一次还是科尔，他通过巧妙的周旋，取得了美国总统老乔治·布什和苏共总书记戈尔巴乔夫的同意。这也许是苏联愿意把民主德国交给联邦德国和北约的唯一机会，科尔抓住了它。他成功的因素有很多：不断坚定和不停重复实现统一的信心、及时且迅速地提出统一的切实步骤，以及与莫斯科、华盛顿的外交斡旋。换了其他人，他们很可能根本抓不住这个机会。

科尔曾回忆说：

> 1989 年秋，当我们开始迈向统一的时候，就像是处在一片沼泽地中一样。我们站在齐膝深的水中，大雾阻挡了视线，只知道肯定存在一条出路，却不知道它究竟在哪里。我们一步步地前进，终于安全到达了对岸。这真是个奇迹，没有上帝的帮助，我们简直不可能成功。

事业心

当你探寻未来时，应该去寻找、利用机会，而不是仅仅解决问题。

吉米·卡特这位极具事业心的总统候选人在初选时就发现了一个大好机会，并利用新的媒体技术在共和党的全国大会开始之前就赢得了足够的支持，从而成为共和党候选人。现在，每个参加总统竞选的人都在无一例外地采用这一方式——电视演讲。

解决问题的人和寻找机会的人之间是存在巨大差别的。在《未来及其敌人》（*The Future and Its Enemies*）一书中，弗吉尼亚·波斯特莱尔（Virginia Postrel）分析了那些因循守旧的人与充满活力、乐意迎接变革的人之间的区别：

从对待未来的方式中就可以看出我们个人和民族的特征：我们是因循守旧，期望未来仍然是一个制度化、机械化的世界，还是充满活力地去迎接一个充满发明、创造与竞争的世界呢？我们看重的是稳定与管理，还是发展与学习呢？我们认为进步需要集中规划，还是认为它是一个分散、进化的过程呢？我们是否认为错误永远意味着灾难，还是把它看作实验过程中可以改正的副产品呢？我们是渴望可预言性，还是欣赏不断出现的惊奇呢？因循守旧与充满活力这两极，决定了我们的政治、智力和文化前景。我们这个时代的中心问题就是对待未来的态度问题，这是一个至关重要的问题。

这段精彩的文字是《福布斯》杂志的出版人兼总编理查德·卡尔加德（Richard Karlgaard）在2006年4月8日在专栏中引用的。他把罗纳德·里根和比尔·克林顿划分为天生的机会寻找者，把艾尔·戈尔和希拉里·克林顿划为解决问题的人。看到这里，我立刻就想起希拉里·克林顿在她和丈夫进入白宫以来就一直致力于解决美国的卫生保健问题，而艾尔·戈尔现在正在努力想要解决全球变暖问题。至于乔治·W. 布什总统，卡尔加德认为，他是一个拥有众多解决问题的高手属下的机会寻找者。

机遇就像是在暴风雪中没有关好的窗户一样，可能突然被吹开，又突然被关上。想要抓住它们，你必须要做好充分的准备。路易斯·巴斯德（Louis Pasteur）这位发现大部分传染病都是由于细菌引起的微生物学奠基人这样说道：“机遇垂青那些有准备的人，而我已经做好了准备。”

错过火车

现在市场上占绝对优势的数码照相技术开始于 1990 年，当时柯达推出了第一款商用数码照相机 DCS-100。数码照相技术的兴起引发了照相机市场的重新洗牌，传统的照相技术开始慢慢衰落。到 2004 年，传统相机的市场占有率已经下降到了 17%。任何一个没有搭上数码相机这辆火车的厂家都在这场竞争中被淘汰出局。

在这一过程中，灵活性差的大厂家肯定要失败。机会一旦错过，它们就再没有了翻身之地。传统的日本品牌柯尼卡美能达就因此在经营了 100 多年后不得不于 2006 年 3 月 31 日退出了照相机市场。莱卡这个差点赶不上“数码火车”的德国品牌，终于在 1998 年推出了数码相机。当时，避免破产的唯一方式就是从股东那里得到更多的资金投入。2000—2004 年，莱卡不得不裁减雇员，银行也减少了对它的贷款。2006 年，莱卡的销售终于重新开始增长，在公司全力生产新推出的 Digital-Module-R 数码相机后。莱卡公司的转变是晚了点，但还是及时地避免了一场灭顶之灾。

只对过时的技术进行改进是无法重新夺回市场份额的。相反，这样做经常会使企业丧失针对新的机遇进行投资的能力。

出生在密西西比州孟菲斯市市郊马克斯的弗雷德·史密斯

（Fred Smith）在机遇面前就做好了充分准备。在耶鲁大学学习经济学时，他就在论文中提出了关于联邦快递的想法。大学毕业后，他参加了海军，在那里学习了军事后勤学，并在1971年开始着手实现自己的想法。于是，联邦快递结合了传统邮递服务与及时、可靠的特点就这样于1973年开业了。

美国最大的冰激凌生产商德雷尔的董事长兼首席执行官加里·罗杰斯（T. Gary Rogers）为我们讲述了一个抓住从天而降的机遇的故事。在一次生意失败后，他打算重新尝试。他说："我并不因为需要再次尝试而沮丧。我很高兴拥有自己的公司。"他有一个家庭需要养活，却没有什么收入和积蓄。据他讲，一天他走进了德雷尔位于加州奥克兰市的办公室。当时的德雷尔还是一个只有600万美元销售额、30名雇员的小公司。当罗杰斯正在同老板谈论购买特许经营权的时候，电话铃突然响起来。"挂断电话后，泪水涌上了那位老板的眼睛。他刚刚得知银行拒绝了他为扩张工厂而申请的贷款。"罗杰斯头脑一热，问他是否考虑过卖掉公司。老板的回答是："在接电话之前还没有。"罗杰斯说，三天后，"我得到了一个以100万美元购买公司的机会。于是我找到了一些投资者，筹钱买下了它"。

听到这个故事的人往往都会说："天啊，你真是太幸运了。"

"对我来说，"罗杰斯回答说，"这并非仅仅是幸运，更重要的是发现机会的能力和一直以来所做的准备。"

关于罗杰斯的故事我还有一点要补充的，那就是他的确很喜欢冰激凌，据说他每天都会吃。

几乎在波兰第一个民主政府成立的同时，法国的达能集团就开始进军这个市场。摆在它面前的机遇是巨大的：波兰有着 3 800 万渴望高品质的西方产品的消费者。

但是，想要在这里取得成功并不容易。达能集团的首席代表发现这里百废待兴，农业系统更是一穷二白，到处都是落后的集体农场，也没有任何销售网络。从 1990 年开始，达能集团每周都往波兰运一货车的酸奶，使波兰消费者开始了解达能集团。销售人员一家家拜访刚刚出现的私营小商店，极力说服他们销售达能集团的产品。两年后，公司开始在当地进行生产，同时建立了一个现代化的农场来保证稳定的奶源。

现在，达能集团已经成为波兰新鲜牛奶产业中的老大，其中酸奶的市场占有率更是达到了 1/3。达能集团负责中东欧的市场总监让 – 雅克 · 德布林（Jean-Jacques Doeblin）总结说："早点进入市场可以在竞争中占得先机，这样我们就有时间来了解市场。"

纽约扬基队的老板乔治 · 史坦布瑞纳（George Steinbrenner）是我最喜欢引用的抓住机遇的例子之一。他非常擅长利用机会。纽约扬基队的老对手波士顿红袜队花了几个月的时间与得州游骑兵队进行协商，想要买进在上个赛季被评为美国棒球职业联赛最有价值球员的游击手亚历克斯 · 罗德里格兹（Alex Rodriguez）。当时，纽约扬基队并没有与波士顿红袜队争夺罗德里格兹，它有自己出色的游击手——德里克 · 基特（Derek Jeter）。三年前，得州游骑兵队以

2.52 亿的价格签下了罗德里格兹，成为棒球联赛史上最贵的一笔交易。但是现在，罗德里格兹已经无法忍受得州游骑兵队，想要转会离开。

2004 年 2 月，波士顿红袜队还没能就购买罗德里格兹与得州游骑兵队达成协议。这时，乔治·史坦布瑞纳突然介入了，他在几天时间内就签下了罗德里格兹，还说服他从游击手的位置转向了三垒。

对此，史坦布瑞纳这个破坏分子这样说："你认为这笔交易不错？我还要签下泰·柯布（Ty Cobb）[①] 呢。"

以畅销书《标杆人生》（*The Purpose-Driven Life*）而闻名的里克·华伦（Rick Warren），其实早在《直奔标竿：成为目标导向的教会》（*The Purpose-Driven Church*）一书中就给出了许多宝贵的商业建议。他教导人们不要与他人争夺市场份额。当创立自己的教会时，他并没有与其他教会竞争来争夺会员，而是开发新的市场，吸引那些原本不属于任何教会的人们，并为他们提供在其他任何地方都得不到的东西，那就是他关于生活的理念。1980 年，华伦在加利福尼亚州橘子郡创立了马鞍峰教会，现在它已经成为美国发展最为迅速的教会。平均每个周末去那里参加礼拜的人数达到了 15 000，它还在全国各地发展了十几个分会。《福布斯》杂志的出版人里奇·卡尔加德曾经这样评论马鞍峰教会："如果它是一个企业的话，

① 泰·柯布，大联盟有史以来的打击王，他从 1905 年打到 1928 年，最后在底特律老虎队退休。——译者注

简直可以与戴尔、谷歌或者星巴克相提并论。”

他们是如何做到的呢？我们又应该如何寻找、发现机会呢？大家应该还记得爱因斯坦是如何做的：摘下成熟的果实并且发现它们之间的联系。一旦我们向前迈进一步，一切似乎都变得简单起来。

1970 年，日本经济刚刚崛起，日本人也开始慢慢富裕起来。那一年的世界博览会是在日本大阪举行的，美国家庭人寿保险公司（Aflac，就是那家用鸭子做广告的公司）的创始人之一约翰·阿莫斯（John Amos）也前去参加。他惊奇地发现当地人十分富有，而且他还注意到，许多日本人都戴着口罩，以防被传染上流感或普通感冒。许多人可能都注意到了这一现象，但是只有他看到了“成熟的果实”，并且发现了它们之间的联系：日本人富有但是害怕风险，这不正是保险公司的大好良机吗?

接下来的故事说得简单点儿，就是美国家庭人寿保险公司花了 4 年的时间才在日本取得了经营许可证，但是阿莫斯的商业嗅觉取得了足够丰厚的回报。现在，在美国家庭人寿保险公司的 140 亿年收入中，日本市场占到了 2/3。

他的继任者丹·阿莫斯（Dan Amos）显然也遗传了约翰的商业嗅觉基因，他也发现了成熟的果实：在日本这个以男性为主体的社会中，人们一直都忽视了女性人才的潜力。现在美国家庭人寿保险公司在日本的 3 300 名员工中有一大部分都是女性。这样对公司有双重的好处。“想要招聘到最优秀的日本男性是比较困难的，因为他们中的大部分都想在正统的日本企业中工作，”丹说，“优秀的女性人才发现自己在我们公司升职的机会要大于在日本企业中的机会，因此也乐意为我们工作”。

1970 年，我也在大阪参加世博会。这是日本第一次举办世博会，我一直很好奇它会是什么样子，因此我就去了。在那里我注意到两件事情：（1）日本竭力提供有史以来最好的展览场所；（2）日本竭力让所有的国民都体验到作为这次博览会主办国的荣誉感。

日本政府意识到，这是一个提升国民自信度与乐观度的大好机会，因此安排所有来自城市和农村的人们前来参观。展览会简直变成了狂欢节，所到之处都能看到大批的日本团队，每个团队都戴着有自己专属颜色的帽子，跟在举着小旗子的导游后面，见证日本的复兴。

在我刚刚离开国际商用机器公司、创立自己的公司之后不久，就遇到了一个机会，并抓住了它。1968 年 1 月 17 日，我坐在客厅中收看了林登·约翰逊总统关于对贫穷宣战的国情咨文报告。约翰逊总统谈到了各种失业，其中也包括那些所谓的“绝对失业”。绝对失业人群指的是那些从来就没有找到过工作的贫民窟里的人们。我想“绝对失业”这个说法非常贴切，因为他们即使在经济景气的时候也无法找到工作。约翰逊总统还谈到了为失业人员，包括绝对失业人员创造工作的培训项目等。

当坐在那里听约翰逊总统的国情咨文报告时，我意识到总统或者他周围的幕僚，或者政府的官员还都没有形成一个针对绝对失业人员的培训计划。现在人们需要的是一个培训绝对失业人员的指南。我立即开始起草一个提议，强调使绝对失业人员参与进来的重要性。我的城市研究公司成立的目的，就是帮助所有公司应对城市危机，而失业问题也正是其中之一。第二天我就完成了这个提案，并在当天晚上飞往纽约与福特基金会的人员进行接触。尽管我知道社会非常需要这样的一个指南，但我也知道，如果我去向政府申请基金，很可能等很久才能得到回复，因此我去找了福特基金会。

就在约翰逊总统演讲的第二天，我在他们的办公室里提出我的提议。他们那里有无数个项目在等待资金，他们也从来没有考虑过要对绝对失业人员进行培训，但他们都听了约翰逊总统的演说。

我的计划在24小时内就得到了资助，这也是福特基金会所批准的最快的一项计划。我们都看到了这项计划的紧迫性和前景，这也成了我的公司所承接的第一个大项目。一年后，成果出来了：一本12卷的培训指南，并由劳工部下发到各个机构。第二年，约翰逊总统的任期就结束了。在他离开白宫之后，为消除贫困而投入的精力和资金也大大削减了。

所谓事业心，就是在机会面前擦亮眼睛，并且创造性地好好利用机会。

许多成功的故事都是关于30多岁或更年轻的人们的，但重新开始新的事业永远也不会太晚，而且年龄越大，你的经验会越丰富。有时候只要你向前迈出关键的一步，就意味着一个新的开始。我相信肯定有许多这样的故事，尽管精彩，却不为人知。但是，我的确了解一个这样的故事，它的主人公就是玛克辛·马滕斯（Maxine Martens）。

我曾在米兰全球时尚峰会上做过演讲，就是在那里，我遇到她。在午餐休息的时候，一位女士过来问我问题，我们就开始聊了起来。我发现她的工作很有意思：为时尚界物色高级管理人员，而且她的工作非常成功。后来我才知道，她的服务对象都是一些世界顶级品牌，比如卡地亚、路易·威登、拉夫·劳伦和盖璞等。后来，我和妻子又在维也纳遇到了她，对她的了解也进一步加深。我们发现她是一位热心、优雅的女性，我们的友谊也开始了。她允许我在本书中讲述她的故事。我想，把她给我的信原原本本刊登出来，是使大家了解她的故事的最好方式：一段事业的结束成为一个新故事的开始。

亲爱的约翰：

你问我被解雇时是什么心情？我的生活就像突然遭遇了一场山崩，整个世界都变了模样。

“你不适合我们的文化，你不能领导公司朝着我们期望的方向发展。我们需要对公司进行重组，让我们好聚好散吧。”听到这话，我简直像是掉进了万丈深渊。怎么会有人不欣赏我的贡献、我的个性、我的领导！

为什么我会被炒鱿鱼呢？我还是一直以来的我，这个美国猎头公司的总经理和重要支柱。现在我被炒鱿鱼，被解雇、被抛弃，他们不再需要我。但是，还有一句话说明了所有的问题："我不知道如何让你成为团队的一分子，你总是不打高尔夫。"尽管这是一句玩笑话，但作为一名有经验的猎头，我知道这才是人们说实话的时候。这短短的一句话改变了一切。我开始明白自己肯定要离开了，因为我们的分歧和核心价值观都反映在这个问题上：打不打高尔夫。

几天之后，我慢慢从震惊中恢复过来，决定让自己喘口气。离职不也正意味着我现在重新拥有了自由和选择的机会吗？我可以重新思考自己的定位、自己喜欢的工作，选择自己喜欢的工作伙伴，而不再仅仅考虑如何养家、如何付女儿的大学学费等实际问题。

因此，在我过完 55 岁生日后的一个星期，因为"不适合企业文化"的评语，我决定去做从 1972 年以来自己一直在做的事情：旅行。自从我第一次出差到欧洲开始，我就喜欢上了和不同生活、历史背景和生活经验的人打交道。

在这次旅行过程中，我和各种各样的人们交谈，有些人愿意成为我的合作伙伴，而有些人只对我能给他们带来的商机感兴趣。我们讨论了我们的风格和商业行为如何融合，却没有想到应该去利用什么样的机会来建立自己的事业。在旅行的第二个星期，我遇到了一位瑞士律师，在听完我的话后，他问道："你为什么还是想成为别人企业中的一颗棋子呢，为什么不开创自己的事业呢？"

我进入商界已经 17 年了。在最近的 10 年中，我曾考虑过自己开公司，去周游世界、结识朋友，在维持生计的同时还能从事激动人心的事业：在美国、欧洲和亚洲的企业文化和公司之间牵线搭桥，寻找并安置那些能够适应某个企业的文化和传统的人才，把他们自己的商业头脑、经验、创造性和思想带进公司。但是我一直没有勇气把这个想法付诸实现。

当天晚上在苏黎世，我开始展望自己的公司：一家位于纽约的美国猎头公司。我为55岁的自己做出了自己所期望的生活与工作规划，第二天早晨我把它通过电子邮件发给了一位巴黎的商界朋友。她回了我一条消息："对，这才是你要做的！开始吧！"

在我纽约的公寓里，我们开始了最初的工作。我的伙伴有：已经与我合作了12年的合伙人；一位20岁的年轻姑娘；猎头主管，一位来自维也纳的24岁姑娘；业务和财务主管，我刚刚从乔治敦大学毕业的儿子。我们都没有开公司的经验，大部分人都是曾在其他国家和文化中生活或工作过的美国人。根据我们对于公司的期望以及已收到的客户的反馈，我们写下了公司的使命、价值观和理念。

我们的办公室非常漂亮，视野极佳，而且步行就可以到达大部分客户的办公地点。这都要感谢我们的律师，在我们正式注册的那天，他问我们是否已经找到了办公地点。当听说"还没有完全确定"时，他说："快，跑着去找这位房产经纪人，他手里有一套刚刚空闲的房子，绝对适合你们。"

现在，我们的团队和客户的规模都已经发展到了原来的三倍。我们还在继续学习、犯错误、征求建议、接待新的客户和优秀应聘者。我们已经发生了很大变化，但是仍然在应用许多原来设立的理念。我很高兴地看着我们在不断发展、变化，就像现在正慢慢穿过中央公园西路那些高楼大厦的云彩一样。

马克辛

本章的开头引用了乔治·萧伯纳的一句话，那么也还是以他的话结尾吧：

人们总是喜欢抱怨周围的环境，但我不迷信环境。那些成功的人们总是自己去寻找机遇，如果他们没有找到合适的机遇，那么他们就去创造机遇。

变革是创新之父

机会寻找者明白，未知的未来能够带给自己机遇，而问题解决者处理的都是昨天的问题。

变革的时代就是机遇的时代。人们与周围环境之间的关系发生变化就会带来新的需要和欲望，从而产生新的机会。你应该关注那些机遇寻找者，并与他们合作。

第十章

思维模式 10

旧的不去，新的不来

杠杆性质

“旧的不去，新的不来”这个观点，是我从肯尼迪政府时期的教育部部长（从约翰逊总统时期开始已经是内阁成员）弗朗西斯·凯佩尔（Francis Keppel）那里学到的。当时我正在担任公共事务部助理部长。弗兰克（弗朗西斯的昵称）是一个极其有才能的家伙。在20世纪50年代，只有29岁的他就被哈佛大学校长詹姆斯·科南特（James Conant）任命为教育学院的院长。他甚至根本没有博士学位。想象一下，那可是在哈佛大学！然而，教育学院在整个哈佛大学中表现平平，弗兰克的任务就是改进它。

为了提升自己的地位和薪水，教育学院的老师们往往喜欢增加自己课程的数量。而弗兰克为了提高课程的质量，到任后制定了一个新规定：除非你放弃一门旧的课程，否则不能开设新的课程。这一规定旨在促使教师们对新课程的质量和相关性进行慎重考虑，并且思考哪些比较弱势的课程是他们愿意放弃的。

事实上，这一观念适用于任何领域，凯佩尔的规定也在指导着我的生活。在刚开始写这本书的时候，我列出了27种帮助我思考未来的思维模式。但是，这一数字似乎太大了，于是我问自己这27种中的哪些对自己的帮助最大。后来，我选择了10种，开始对它们进行详细论述。在写作的过程中，我又加入了一些思维模式，也去掉了一些似乎不是那么重要的，最终一共保留了11种。下面的一些虽然不是至关重要，但也给了我许多帮助：

> **分辨什么是有益的，什么是有害的。**在社会和人际关系中，分辨什么是有益的，什么是有害的，可以帮助你很好地了解人际和社会关系。
>
> **命题不一定非得正确，但是必须有趣。**这一来自伟大哲学家艾尔弗雷德·诺思·怀特海（Alfred North Whitehead）的观点虽然并不适用于所有情况，却是一个激发人们灵感的好方法。
>
> **评价一个社会或者公司的生存能力，检查它们自我改正的能力。**
>
> **增长就是更高层次上的重组。**人类、机构和社会的发展就是不断在更高层次上重新定义自己的角色或任务。

至于其他思维模式，我采用了体育运动中“旧的不去，新的不来”的规定。所有的体育运动都有人数的限制，除非你换下一名运动员，否则你就无法派上新的运动员。职业篮球队内只能有 12 名队员。如果某支球队想吸纳一名新队员，它就必须要考虑舍弃一名队员，这样球队的实力就会逐渐得到改善，当然前提是俱乐部的判断是合理的。而商业界似乎有很多理由来拒绝这一规则，很多时候它们的座右铭似乎就是“加，加，加”。比如，不断增加新的产品种类，却不放弃弱势产品；不断吸收新员工，却不放弃任何一个老员工。

3M 公司是一个例外，它的一项政策规定每年都要增加一种新产品，去掉一个老的品种。它的目标是成为最具创新力的企业和优秀的供应商。3M 公司每年 30% 的销售都来自最近 4 年推出的新产品。

杰克 · 韦尔奇在通用电气公司的时候也有一个规定：每个单位每年都必须解雇 10% 的表现最差的员工，招募更加有发展前途的新员工来代替他们。

这种心态帮助通用电气保持高效运转，它也适用于许多领域，帮助它们保持自己的集中性。一旦我们确立了一定规模的项目、股票、潮流或者朋友，这种“旧的不去，新的不来”的原则将会帮助我们提高它们的质量。

捡起西瓜，丢下芝麻

我和妻子最喜欢的一家西贡（现在的正式名称为胡志明市，不过无所谓）餐馆就是实践“旧的不去，新的不来”这一规则的商业范例。我们第一次去那里的时候对它的情况还是一无所知。走进餐馆，我们发现那里的顾客既有当地人，也有像我们这样的游客。我们坐在花园里高高的棕榈树和其他热带植物下的一张桌子旁。店里有英文菜单，但有点儿令人费解。于是我们请侍应生帮我们点菜，他却请我们跟他一起去看看。“看！”在宽敞的就餐区的四周沿着墙排满了一个个小操作台，看起来都是非常简单的私家厨房，大约一共有 20 个左右，每家厨房都提供他们自己的特色越南菜，而且有些厨房的生意明显比其他家要好。他们供应的所有食物的名称都列在了菜单上。

我们指了几个想要的菜之后就回到了自己桌子前。不一会儿，菜就端了过来：虾仁炒蛋、猪肉鱿鱼卷、铁板炒饭和香蕉腰果蛋糕。这些食物非常可口，但是不管人们告诉我们它会对身体带来什么样的好处，我们也没有喝完“ruou ran”（一种米酒，瓶底还泡着一条小眼镜蛇）。

后来，侍者告诉我们，现在还有许多人想加入这家餐馆。这家私营餐馆的老板会不时选择一家新的厨房，但是有一个前提：舍弃一家生意一直下滑的厨房。这样就促进了餐馆食物总体质量的不断提高。而美国的快餐中心的摊位在某一时期内都是固定的，它们只要在某段时期交了租金，不管生意如何，它们都可以继续经营下去，而这家越南餐馆就引入了竞争机制。

信息坟墓

我们都知道，永远不要在饥肠辘辘的时候逛街，因为在那种情况下我们买回来的一大堆东西往往根本吃不完。

在满足自己对知识的渴求方面，有时人们的做法也是如此。我们漫步在信息超市中，淹没在信息海洋中，往往难以挑选自己真正需要的东西。我们的目标不应该是为自己建造一座被信息所淹没的坟墓，而是知识与灵感的摇篮。

在我的工作中，信息搜集很容易出问题。在我无忧无虑的学生生涯中，我总是在不停地“增加”，我的书堆满了墙面，占用了所有的可用空间，但是这并不一定意味着我的知识也在增长。因此我现在也立下了一条规矩：我应该保留 4 000 本藏书，这一数字是我在对自己的藏书进行筛选，丢掉那些不需要的书后得出的。从此之后，除非我扔掉一本书，否则我就不会增添新书。这样在保证藏书总量不变的情况下，藏书质量和相关性就会慢慢提高。

量力而行

本书的11种思维模式将会帮助你判断哪些种类的信息是对你和你的事业最重要的。个人想要了解当今所有的科技进步和地理政治的发展是不可能的，因此我们要集中关注那些真正满足自己需要和兴趣的信息。旧的不去，新的不来。如果你决定关注7类信息，而后来又发现了自己必须要关注的种类，那么就请放弃一类你或者这个世界已经失去兴趣的信息。你的变化将会反映出这个动态的世界所发生的变化。关于这一点，我想引用中国古代思想家老子的一句格言：“为学日益，为道日损。”

第十一章

思维模式 11

科技，始终源于人性

物种入侵

一条灰色的毯子覆盖在了澳大利亚广袤的土地上，它并不是来自南面海洋的乌云。1859 年，它从西方而来，有 4 条强壮的腿和两只长耳朵，最初是为了给喜欢打猎的绅士们提供消遣而来到这个国家的。托马斯·奥斯汀（Thomas Austin）在他自己位于墨尔本西南的巴宛庄园放养了 24 只野兔。7 年后的 1866 年，仅仅在奥斯汀的庄园里就有 14 253 只兔子被猎杀。这是多么大的成功啊！

但是，他可能永远也没有想到后来事态的发展。丰产原则把澳大利亚变成了歌德笔下的《魔术师的门徒》（*The Sorcerer's Apprentice*），他原本给人们带来福音的扫帚，却变成了灾难的道具。

瞧啊，它匆忙奔向河岸，

肯定已经下河取水，

它风驰电掣般回还，

急忙倒下水壶里的水。

它又往返两次！

盆里已经泛滥！

无论哪只盛水器，

全都把水装满！

在情节的高潮，画面突然一转。扫帚失去控制，一分为二，使情况更加糟糕。

糟糕！糟糕！

两爿木棍，

变成仆人，

急忙站起，

准备再来为我服劳！

救救我吧，天上的神祇！

它们在奔忙！水越来越涨！

漫进大厅，漫上楼梯。

多么骇人的一片汪洋！

在20世纪50年代的澳大利亚，有人在农夫约翰·罗伯逊（John Robertson）的土地上射杀了一只兔子，被罚款10英镑。而就在几年之后，罗伯逊的儿子不得不每年花 5 000 英镑来控制兔子的数量。

师父先生！听我在唤你！

哦，师父已经驾临！

先生，我闯下大祸！

我召唤来的精灵，

现在却无法摆脱。

（钱春绮译）

澳大利亚人控制兔子数量的呼声很高，但至今也没有找到解决这一难题的良方，每一次的治理都会带来其他方面的副作用，这条灰色的毯子现在仍然在不断增长。

新扫帚扫地未必干净

对于澳大利亚来说，兔子带来的长期危害远远抵消了它们带来的短期利益。这一自然界的现象同样也适用于科技方面。很多时候，人们都忽视了科技进步对于生活环境及周围关系的影响。

其实这并不是什么新鲜事。技术的进步一直在影响着社会的变化。比如，火的发现给人们带来了温暖和熟的食物，并且开始了真正意义上的社会生活。车轮、电力和汽车都极大地改变了我们的社会状况。当今社会的问题是，科技发展速度不断加快，而对于新技术的社会适应却远远落在后面。也就是说，科技进步的速度远远超出了文化发展的速度，它们之间的差距正变得越来越大。

未曾考虑的问题

科技就像是被引进到澳大利亚的兔子吗？新物种的引进和新技术的推出都不是出现在真空状态下，但是我们与科技之间的关系可能带来的后果却很少有人考虑。随着新技术的出现，人们应该考虑一下下面的问题：

什么将会得到加强？

什么将会被削弱？

什么将会被取代？

科技始料未及的影响

两个最明显的例子就是互联网和手机。它们都是科技发展的产物，它们的作用都是为了人们进行沟通。抛开其他方面不谈，它们已经改变了人们的交流方式。而且和许多其他情况一样，有些影响是人们始料未及的，比如人们写信方式的改变。

在20世纪初，诗人詹姆斯·乔伊斯（James Joyce）给自己的未婚妻诺拉（Nora）手写了一封信：

亲爱的诺拉：

从11点半开始，我就像个傻瓜一样坐在这里，什么事情也做不下去，满脑子都是你的声音。我就像个傻瓜一样，耳边总是回响着你叫我“亲爱的”的声音。我今天还得罪了两个人，因为我对他们态度冷漠。我想听到的是你的声音，而不是他们的。

你的存在消除了我玩世不恭、猜忌多心的本性。我真希望你现在能够依偎在我的肩头。我该去睡觉了。

我花了半个小时来写这封信。你能给我回信吗？我衷心地希望你能。我应该怎么署名呢？我什么都不写了，因为我不知道自己该怎么署名。

1904年8月15日

而一个世纪后的今天，通过电子邮件发送的信件就可能是这个样子：

Nora,

quick thought: got in @ 11：30—since then just hanging round like an idiot *lol*, doin nothing. just hear your voice going {dear}:-(.annoyed 2 clients, skipped appointments. wanted 2 b with u!!!!!!!!!!! ur good 4 me, u make me feel better, less depressive, less . monster-like ;-), want your head on my shoulder. NVM, will go 2 bed soon been writing this for like 10 mins now write back soon!!!!!!! hope you will!!!!!!!!! never know how to finish these things. CU soon

电脑和诗人

我们从高情感到高科技，从手写到电脑打字的转变与人们对于电脑的神化有很大关系，电脑似乎已经成为我们这个时代解决一切问题的万能良方。当然，它能够弥补我们在教育方面的不足。美国中小学的教育质量在下降？那就在每个教室里都放上一台电脑这个信息时代的伟大标志吧，这样问题就解决了。几十年来，人们对于为每个教室都配置一台电脑的呼声一直没有停止，但是人们是否已经仔细思考过电脑会给教育的真正目的带来的影响呢？教育的真正目的应该是让孩子学会如何学习，这是他们可以一直学习的唯一方式。我们在一直呼吁引入先进科技，却没有考虑过它的教育价值。

我支持为每个教室配备一台电脑，我也支持为每个孩子都配备一台电脑。我也希望孩子们能够熟练掌握电脑，利用它为自己服务。我们必须这样做，否则代价将是无法估计的。但我想呼吁的是在每个教室中也应该有一位“诗人”。现今，美国的实际情况是大部分的精力和资金都投入了电脑之类的科技产品，这方面的投入远远高于在诗歌、艺术、音乐和其他人文科学方面投入的资金。但是，科学知识和艺术想象力这两者都是不可或缺的。就像本书第二部分第十五章“文化：视觉文化正在占领世界”所写的那样，在不久的将来，某个产品所包含的高情感，比如它的设计和所包含的艺术价值，将会逐渐把它与其他有相似的科技含量的产品区分开来。

这个对于电脑和诗人的比喻代表了我对于社会发展的观点：我们不仅需要大力推进智力发展，而且还要支持和培养情感与精神能力。我们非常需要在它们之间达到平衡——高科技与高情感之间的平衡。这个世界的科技水平越发达，我们就越需要艺术家和诗人。

等待拯救

很久很久以前，这是一个没有手机的世界。在学校、研讨会、电影院、健身房或者超市中都没有它优美的铃声。后来，科技使得我们可以在任何时间、任何地点与他人实现无线通信。诺基亚，这个最成功的手机生产商，喊出的口号是“科技以人为本”。技术带给人们的影响也是两个方面的，但是很少有人考虑这个问题。

2006 年年初，有一次我在波士顿洛根机场乘飞机。由于飞机晚点造成了航班延误，我们这群同病相怜的乘客只好坐下来等待。我的对面坐的是一家人：年轻的父母和他们的两个孩子。他们很少说话，至少那位年轻的父亲是这样的，他看起来极度不耐烦。突然，他的手机响了起来。他立刻直起身来，一下来了精神，接电话的声音十分响亮：“您好。”

我看着他，意识到他被这个电话拯救了，从百无聊赖中被拯救出来，从家庭责任中被拯救出来。在我看来，这个年轻的父亲与科技的关系似乎出现了问题。当目睹这一过程时，我想全美国肯定有许多人在等待他人把自己从面前的事务中拯救出来吧。

从尊贵的上帝到低眉顺眼的求职者

在科技发展的队伍中，固定电话也不甘示弱。20 世纪 90 年代，科技创新大量涌现。由于科技的发展和减少成本的需要，我们经常能够在电话中听到一个温柔的声音，开头她总是会热情地说道："您的来电对我们很重要。如果我们暂时不能接听，请不要挂机。"

当然，这仅仅是一个序曲。

"如果您想听我们 112 种产品的目录，请按 1；如果您想了解宁死也不愿意再和我们做生意的顾客的最新数量，请按 2；如果您要找一位一无所知并且总是在休产假的老好人，请按 3。"

在经过了 11 分 33 秒后，你终于听到一个声音说："您要找的人可能正在接听其他电话，也可能不在办公室，请稍后再拨。"

这简直让人发狂。

这些公司把顾客称为上帝，但又把他们当作求职者一样傲慢对待。我想说，立刻取消这种自动语音应答系统，它是对顾客的怠慢，而且简直能让他们发疯。公司应该用友好的高情感的接线员来取代这一系统，然后他们会发现，这样才能实现真正的高效率。

我强烈要求任何一个使用自动语音应答系统的公司的老总亲自拨打一下自己公司的电话，看自己是否受得了。这样，他们才有可能提供高效的顾客服务系统，而不是使顾客怒气冲天地挂断电话。

因此，在这里我还要重复自己的建议：仔细考虑科技可能带来的双重影响。

一个冒险的选择

另一方面，科技的一些应用也是很有趣的。我曾经在报纸上读到，巴黎的一家餐厅就把高科技与高情感结合在了一起。这家餐厅的名字叫作 La Connivance，就在股票交易所的隔壁。它的定价规则和周围环境真是十分协调：食物的价格是根据供求关系来决定的。当你点菜的时候，电脑会立即根据当时的供求关系来调整价格。就像比较受欢迎的股票一样，比较受欢迎的饭菜的价格会上涨，而冷门饭菜的价格则会下跌。而且，你可以按照你点菜时候的价格付款，也可以像期货市场上一样，按照用餐完毕埋单时的价格付款。

我觉得这个想法很有创意，但当我和妻子与一位朋友谈起这家餐厅的时候，他却告诉我们奥斯陆一家酒吧的做法更为极端：价格也是按照这种投机法则来决定，却是随机的，而且还引入了股票市场崩盘制度，这样饮料的价格就可能会接近零，引起客人们一阵阵骚动。这些都只是电脑产生影响的两个例子而已。

规模问题

在引进新技术的时候，我们总是会忽略人数问题。过去我在犹他州的时候，是没有人担心这个问题的。在布里格姆·扬（Brigham Young）和其他先驱在1847年来到盐湖城大峡谷的时候，他首先做的几件事之一，就是规划人口规模问题。他规定每个教区的最佳规模应该是300人，包括大人与小孩。因为摩门教徒的孩子都比较多，所以50个家庭的人口总和差不多就能够达到这个数字。在这样的一个教区里，大家都互相认识，也能够互相照顾，形成了严密的社会网络，以及非常理想的人口规模。

大多数公司都曾忽略过这个问题，现在人们已经醒悟过来。纺织品和药品销售达到20亿美元的戈尔特斯公司就非常注重这个问题。它规定每个办公楼不得超过两层，容纳的人不得超过200人。这样，因为每个工厂或者办公楼内的人数都不到200人，因此大家都能够彼此认识。大家都清楚每个人对于集体的贡献，而这在工业时期5 000人的大型工厂里是无法实现的。因此，适当的人口规模可以提高人们的效率，并且激发人们的创造性。

越高越好

世界各大城市摩天大楼之间的竞争也可以被看作反映人口规模的一个指标。芝加哥超过了纽约，新加坡超过了芝加哥，吉隆坡又超过了新加坡，而且这一竞争还在继续。但是，摩天大楼的建造是否考虑了人口规模这个问题，不管是在过去还是现在都值得商榷。把人们塞进 100 层的摩天大楼里是一个合适的规模吗？我可不这样认为。也许不久之后，“9 · 11”恐怖袭击的悲剧会使我们重新思考人口规模，以及它与人类和理想的生活环境之间的关系问题。

盲目冲动

许多公司由于担心新技术会给竞争对手带来新的机遇，因此都在不停地更新自己，而更新所需的资金总是比他们预计的要多。人们总是会在科技方面投入大量人力和物力，却忽视了自身的作用。国际商用机器公司第一代大批量生产的主机 360 在 20 世纪 60 年代初炙手可热，就是因为所有的公司都认为主机对于公司来说是必需品。国际商用机器公司销售人员戏谑地说自己的顾客都是由于“担心、不确定和疑惑”（或者简称为 FUD）而购买产品的。人们往往觉得：“我们总不能无所事事。不管是对是错，我们都必须做点儿什么。”当时公司间普遍流传的一种观点就是，如果想在新的技术时代的竞争中获胜，公司必须配备自己的主机。人们经常会因为担心落伍而盲目花钱，过去和现在都是如此。

科技是巨大的推动力，但并非真空状态下的推动力

科技是巨大的推动力，但是必须是在与人们的需求和人性达到平衡的时候才是如此。

每一块石头扔到水里都会产生涟漪，每一项新技术也都会产生人们始料未及的影响。当一项新技术问世时，考虑一下下面几个问题：什么将会得到加强？什么将会被削弱？什么又将会被取代？它会给我们带来什么样的新机遇？

第二部分

未来世界大趋势

本部分将会为大家介绍我所分析的未来的5个方面。它们都是根据“仔细搭配，直到把它们拼成一幅完整的画面”的原则得出的。

本部分所描绘的未来景象，将会帮助你了解那些一眼看上去似乎互不相干的单个片段是如何形成一幅完整的画面的。我在分析过程中已经明确指出了那些得出结论所需的思维模式，你也可以运用其他一些自己特别感兴趣的思维模式进行分析。

在每一个章节的后面都举出了一些运用思维模式得出结论的例子，可以帮助你对自己感兴趣的领域的未来形成属于你的一个“拼图”。

第十二章

经济：从国家到经济行业

在历史的长河中，国家间的边界曾经一次又一次被重新划分。但是，现今社会人们争夺的已经不再是地理上的疆域，而是经济领域。各个国家都在争夺经济霸权，而 GDP（国内生产总值）就是衡量经济是否成功的标准。

但是，当事实上的经济界线和经济活动都超越了国家的界线成为全球经济中的概念后，各个国家的 GDP 又能在多大程度上反映出它们各自的经济状况呢？现在，能够反映相关经济数据，并且为人们提供决策依据的已经不再是某个国家领土范围内生产的产品，而是在某个经济领域，比如汽车业或者制药业，所生产的产品的总和。我把这些在全球范围内以经济活动划分的领域称为经济行业。因此，衡量全球市场经济状况的标准，不应该再是单个国家的 GDP，而是经济行业生产总值，一个反映世界经济状况的新 GDP。

当今世界，各个公司都在自己的经济行业中努力争夺全球市场份额，各个国家也都在努力吸引各个经济行业的佼佼者。同时，全球性的人才竞争也在展开。想要在这场竞争中胜出，各个国家必须把人才培养当作经济发展的首要任务。

我们必须要重新调整自己对经济的理解。在同时进行的经济全球化与分散化的进程中，我们所目睹的并不是国家的全球化，而是经济活动的全球化。但是，人们似乎始终相信这样一种错误的理论：全球经济是由 243 个国家独立的经济活动，也就是它们的 GDP 所组成，通过观察这些经济活动的总和，我们就可以了解全球经济情况。

我们所说的某个国家的 GDP，也就是国内生产总值，指的是在一个国家境内生产的所有产品与服务的总和，与做出贡献的企业的国籍无关。也就是说，韩国现代汽车公司在美国密西西比州投资 10 亿美元新建的汽车工厂的产值将会被计入美国的 GDP，而不是韩国的。每个国家的 GDP 都被看作一个封闭的系统，但是实际情况是，没有一个国家的经济是封闭的。人们还以此为依据宣布国家的经济增长了 2.1% 或者下降了 1.6%，这些如此精确的数字真是一个笑话。

今后，这些作为经济发展“比赛结果”的数据将会逐渐丧失它的实际意义。

全球经济的真正“边界”和经济数据应该根据世界经济活动来划分。比如，汽车的生产与销售可能要涉及所有的国家，而不应该再以国家来进行划分，因为每个国家都只是全球经济活动中的一个环节。

我把这些以经济活动划分的领域称为经济行业，如汽车业、制药业、金融服务业和旅游业等。

尽管德国作为一个国家，近年的经济发展一直非常缓慢，而且失业率达到 10% 左右，但德国公司在全球范围内各个行业里的表现相当不错，比如说宝马、西门子和阿迪达斯等公司。德国公司 2005 年的出口增长超过 7%。

我们用经济活动而不是国家来衡量世界经济，并不意味着我们已经不把国家看作国家。相反，随着国家间经济相互依赖性越来越强，各个国家都会通过民族或者国家文化来增强自己的民族性或国家性特征，这一问题我还将在后面章节中讨论。我们在搜集关于未来经济发展趋势的蛛丝马迹时，应该关注的还是各个经济行业的活动，而不是各个国家的状况。但是，我并非是在赞同政治“左”派在 20 世纪 70 年代和 80 年代所提出的“跨国公司”正在占领世界这一说法。我想说的是，各种各样的经济活动正在代替地理政治活动而成为世界主导。

国家并不能创造经济

近年来，我们经历了经济全球化进程，也开始用经济术语来衡量一个国家。比如说，美国是世界上最强大的经济力量；日本是逐渐衰落的昨日之星；德国，这个欧洲最大的经济强国，近年来经济一直没有发展。我们没有思考过德国未来的状况，只是在考虑德国经济将会走向何方。我们关注中国经济的巨大活力，并且推测它何时能够“超越”美国。巴西什么时候才能像它们自己希望的那样成为经济强国呢？俄罗斯什么时候才能实现真正的自由市场经济呢？

所有的问题如果不是毫无意义的话，也至少是把问题过于简单化了，因为国家是无法创造经济的。创造、推动经济的是企业家和他们的企业，政府的任务应该是为它们提供一个良好的发展环境，而不是去干涉经济发展。（但是，大多数政府都认为自己的任务是制定规章制度。比如，现在位于布鲁塞尔的欧盟总部就正在忙着修改、制定各种规定。）全球大市场的形成要求政府必须对自己的角色进行重新定位。

利用经济行业中的机会

当一个美国人或者德国人问“我们国家的经济状况如何”的时候，他真正担心的是“旅游业状况如何”或者是“汽车业状况如何”。

对于里昂的菲亚特公司的汽车工人，或者底特律的福特公司的汽车工人来说，他所关心的是菲亚特或者福特的状况，而不是法国或者美国的经济形势。现在，菲亚特已经是一个全球性企业，就像福特一样。反过来，菲亚特和福特都是巨大的全球汽车行业的一部分。所有相关的公司，比如汽车设计商、引擎制造商、电池制造商、玻璃制造商、销售商等，都是相互联系的，形成一个巨大的汽车行业（它是没有国界的），是它们生产了世界上所有的汽车。作为一个全球经济现象，汽车行业的概念比任何一个国家都清晰得多。了解某个经济行业的状况比了解某个国家，比如德国或者法国的经济形势要简单得多，比了解全球经济状况更要容易得多。

如果我们想要关注“比赛结果”，我们必须要知道这是一场什么比赛，我们所要寻找的是什么结果。我们现在用来衡量一个国家经济状况的 GDP 的前身是 GNP，也就是国民生产总值。GNP 指数指的是，在一个国家境内，如德国境内生产的所有产品的总值加上德国企业在其他国家的生产总值。（也就是说，GNP = 某个国家在一年内所生产的产品和服务的总和。）

但是，随着全球化的发展和经济活动的日益融合，GNP 变得越来越难以计算，所以大约 15 年前，大部分国家都放弃了 GNP，转而采用 GDP（GDP = 在某个国家境内一年内生产的商品与服务的货币总值）。GDP 所计算的只是在一个国家的边境之内所生产的产品与服务，与做出贡献的企业的国籍无关。由于美国许多公司的活动已经融入了世界各个地方，因此，我们可以说，美国经济这个概念已经不复存在。

最终衡量经济的唯一指数应该是 GWP——世界生产总值，也就是整个世界经济的产值。了解并衡量世界经济的唯一途径，应该是考察各个行业的产品总值，一个新的 GDP 指数，不过这里的 D 指的是经济行业。

德国经济的创造者，并非是作为地理和政治实体的德国，而是德国公司和德国企业家，其中的一些公司和企业家又是一个大的经济行业——全球经济的一分子。同样，欧洲经济也不是由地理意义上的欧盟创造的，而是由欧洲的公司所创造的，其中的一些公司与世界各地的其他公司也有着千丝万缕的关系。因此，谈论德国经济是一种概念的错误。世界上并不存在德国经济，除非你武断地把德国这个国家境内生产的产品都归于德国门下。德国经济与世界经济是密不可分的，我们已经无法找出一种方法来判断哪些是“德国的”，哪些不是。

许许多多的小公司组成了大的经济行业，就像许多个城市和村镇组成了国家一样。事实上，全球经济增长最快的部分是互联网上的个人企业。

世界各地的企业家都想尽力利用全球市场的机会，而不是固守于本地。100多年前，奥地利皇帝和其他皇室成员只有在巴德伊舍尔的夏宫里才能品尝到自己最喜欢的在阿尔卑斯山脉的一家面包房生产的巧克力，但现在通过互联网，全球的巧克力爱好者都能购买到它。在自己家中工作的越南艺术家可以通过互联网把自己的作品卖到世界各个地方。维也纳的一家刀具公司在互联网上公布自己的产品目录，并且把DHL或者联邦快递作为自己的配送合作商。加利福尼亚的一位商人建立了自己的网站1daybanner.com，并且保证世界各地的顾客都能在订单下达一天之内收到任何尺寸的横幅，极大地方便了无法在当地购买合适横幅的游行示威者。eBay这个全球最大的公司之一，每年的交易超过200亿美元。就我自己来说，因为签署了许多图书出版和演讲合同，许多年来我都是在为数不多的下属的帮助下，与50多个国家的人们打交道，形成了我自己的全球行业。我的模式相当简单，而且有点儿老套，但随着技术的不断发展，这会成为一个越来越重要的行业模式。我们都是大的经济行业的一分子，不管我们从事的是出版、饮食、拍卖，还是其他行业。

20世纪80年代初，在没有马戏传统的加拿大魁北克市，一群雄心勃勃的年轻人——走钢丝的演员、吞火表演者和魔术师创立了“高跟鞋俱乐部”。在不断发展的过程中，他们还创立了一个马戏节与其他马戏团交流经验与人才。于是，4年后的1984年，著名的太阳马戏团诞生了。他们的目标就是打破传统的规则，并且挑战极限。他们成功地为大家展示了一个梦幻世界，一个可以被全世界人们分享的梦幻世界。它在全球的巡演十分成功，而且现在已经占据了娱乐行业中的巨大份额。

再比如，国土面积并不大的芬兰诞生了今天的诺基亚——一个以定位于全球手机市场的理念和出色设计征服了世界的诺基亚。

而有些人是以非常独特的方式在市场“播种”的。比如，丹麦海滨城市奥胡斯的一些学生就志愿为人口发展做贡献。每天都有几十个男学生为全球最大的精子银行Cryos提供精子，然后Cryos通过船只把冷冻精子运送到40多个国家。其中有一个学生的精子被送到了好几个国家，已经有100多个孩子因此而降生。虽然他们并不知道自己精子的去处，但不可否认，这是一个建立自己的“全球行业”的一个很好的例子。（我也有丹麦血统，不过是通过传统方式获得的：我的母亲就是丹麦人。）

全球范围内有不计其数的行业，它们所关注的并不是世界经济或者自己国家经济的状况，而是做好本行业的事情。

体育的例子

改变人们思维最简单的方式就是举个体育行业的例子。假设你想成为一名足球运动员，那么最重要的是什么呢？不管你踢哪个位置，都需要最好的训练和教育。尽可能地了解足球圈：哪些是最佳球队，哪些是最佳队员，哪些是最佳教练？最好的球队会选择最好的球员，最好的队员也能够选择自己的球队。你的成功和在足球行业的地位取决于你的才能、雄心、灵活性和对理想的坚持。

你处理足球行业的网络的方式和面对全球电话系统的方式是一样的。当今，世界上有20亿部电话处于使用状态，你或我都可以给其中的任何一个打电话，它们中的任何一个也可以给你打电话。但是，我们并没有这样做。在这个大的网络中，我们每个人都创造了我们自己可能拨打的电话号码领域，忽略了剩下的那些。

不了解其他的运动项目并不会影响你参与足球运动。不了解世界经济的其他方面也并不会妨碍你参与自己经济行业的活动。因此，了解自己的运动或者行业，以及与其相关的方面就可以帮助你在竞争中立足，你并不需要了解所有行业的活动。

无数个自给自足的行业组成了自成体系的世界经济。全球化是一种自下而上的现象，无数个人的行为总和就构成了全球化。在这一过程中没有管理，而且也没有人能够预测这些个体行为总和的影响。全球经济只能是“自然顺序”的结果。

我们必须转变自己的思维，不再把企业所在的国家，而是把各个企业本身看作全球经济的基本单位。

所有强大的行业都有一个共同点：它们中的每个部分似乎都是整个网络的中心。当你在自己家中上网，发送、接收世界各地的信息的时候，你会感觉自己就是整个世界的中心，就像网络上的所有其他人一样。

世界政府会出现吗

你可以想象有一天自己会投票选举世界总统吗？许多人都问我全球化是否会导致一个世界政府的出现。老天，我希望不要。在由于私有化和全球交流日益密切而使各国政府权力逐渐被削弱的今天，为什么要再产生一个世界政府呢？NGO（非政府组织）行业正在影响全球的经济和其他方面，并且对于世界政治力量的分散化起到了重要作用。在20世纪80年代，NGO组织的数量还很少。现在世界上已经有数百万的NGO组织，它们超越了国界，在世界舞台上正发挥着越来越重要的作用。在瑞士城市达沃斯举行的世界经济论坛会议上，商界人士普遍抱怨说，NGO组织霸占了整个议程（全球变暖、贫穷、公司的社会责任等问题)。

其实，这种经济行业的思维转变随处可见。比如，如果你是金融从业人员，你很明白自己属于金融行业，而不会去考虑主权问题。再比如那些外汇交易者，他们丝毫不关心国家的国界，他们的活动领域就是整个世界。

也许，经济行业报告可能会首先作为附属指数写进 GDP 报告。假以时日，它将会取代 GDP 报告，因为 GDP 报告无法准确反映世界经济状况。

全球经济行业的思维方式需要全新的经济模式和政治思维，这一点儿都不夸张。

一旦你改变了自己的思维方式，并且开始收集预测未来这个拼图游戏的片段，你就会发现一些表明全球行业化的蛛丝马迹。其中一个就是分散化。

分散化是关键

经济行业发展背后的因素就是分散化。分散化有助于推动全球化进程，这听起来似乎有点自相矛盾。

过去的几十年中，我们目睹了全球化的推进和集中化的衰退。这种集中化的衰退在国家中最明显的例子就是 1991 年苏联解体。

始于 20 世纪 80 年代的全球私有化进程也反映了集中化、国有企业、政府权力的衰退。各个国家中央政府对企业管理的减少也随之而来。我认为，想要成功，想要实现持续增长，全球化就要完全依赖于社会分散化的程度，这一点毫无疑问。

分散化是一种向新的适当规模的转变，这一规模直接缩小到个人，它是无数个人、公司和经济行业为各自利益奋斗时相互影响的过程。世界的持续发展完全依赖于它的分散化程度。

迄今为止，已经有 20 多个国家允许把市民的头像印在邮票上，这正是国家的分散化的象征。在加拿大、澳大利亚、新加坡、奥地利、美国以及许多其他国家，你都可以买到印有自己头像的邮票。邮票上不再是国王、女王、总统或者是首相的头像，而是你或者你隔壁邻居的。

在这里，我想借用一下科学上的例子。在科学领域，研究自然中最小结构的粒子物理学家往往与研究最大单位的宇宙学家有着密切的联系。类似的现象也存在于政治和经济行业，它们的体现就是分散化和全球化。粒子和宇宙的互相影响也可以为我们提供一个研究世界经济的模式。

商业分散化

众所周知，在商业领域，信息技术的发展进一步推动了企业的分散化、灵活性和创新性。从某种意义上来讲，许多企业正把自己重新组合成为许多个小公司联合的网络。但是，在商业领域，个人自主仍然处于一个初级阶段，也许在将来它对于企业就会像民主对于政府一样不可缺少。

以前，各个部分越容易管理，世界就越安稳。但是现在，计算机技术的进步使人们能够管理非常复杂的事务，因此不管下面有多少分支部门，它们的业务又有多么复杂，公司的管理也能做到有条不紊。整个世界也是如此。计算机系统使人们能够实现分散管理，加强信息链上个人的贡献，更好地利用手下的人才。其实，在很长一段时间里，微软都是一个由软件程序员构成的网络，每个程序员都可以和比尔·盖茨直接交流。

在 eBay 网上，有 430 000 多个人都是靠这里的生意维持基本生计。（如果他们是一个公司的话，那么将位列美国五强之一。）这将近 50 万的人们是在真正为自己的零售店打工，他们的产品销往全球各个地方，每年的交易额超过 100 亿美元。

另一方面，公司领导的头衔也出现了分散化，一个公司往往有许多个总裁，许多个首席执行官。比如，通用电气就有八九个首席执行官。再比如，德国传媒巨头贝塔斯曼仅仅在美国就有 10 名首席执行官。这样做除了会给企业带来分散化的优势之外，还是一种非常有效的员工激励策略。因为公司不再只有一个首席执行官，而是有多少个分支部门就有多少个首席执行官，那么员工们就有更多的机会升到这个职位。年销售额已经接近 500 亿美元的强生公司所取得的成绩令人咋舌，它的总裁兼首席执行官比尔·韦尔登（Bill Weldon）在谈到自己公司的规模时这样说道：

> 我们并没有把自己看作一个年销售额超过400亿美元的大公司。我们是由200个小企业组成的，每个小企业都集中关注自己所处的市场。这就像是把200堆沙子堆到山上去，这肯定要比你把一个200磅的大石头推上山要容易得多。而且，如果大石头向下滑，那你就麻烦了。

不管什么类型的实体，它的规模越大，它就越需要分散成小的、更加高效的部门，这样才能保证它的有效运行。现在，许多大公司都在进行分散化，并不只是因为这是一种流行的做法，还因为面对现在这种每个人都可以参与的新的市场竞争，它们只有这样做才能实现高效、及时的应对。这就是为什么通用电气会有八九个首席执行官的原因，这也是强生公司把自己分裂成200个小公司（200个首席执行官）的原因。隐藏在现在的未来趋势就是，公司的成功与否将由它们的创新性和对市场的快速反应能力所决定。灵活的小公司，或者由它们所组成的公司联合体在任何场合都会打败那些官僚作风严重的大公司。

小、精、灵活才能赢得市场

企业的分散化也表明越来越多具有快速反应能力的小公司获得了成功。

奥地利的一个小组在手术的进步与缺少技术设备的支持之间发

现了机遇，从而一举成为高科技手术显微镜的全球供应商。新一代的外科手术师们创造出了许多复杂、精细的手术技术，使自己能够在微观环境下进行精密手术，但他们缺少合适的手术显微镜。

于是，来福光学有限公司研制出了镜式磁变仪 Varioscope，一种可以像眼镜一样佩戴的小型显微镜。它可以进行自动聚焦和图像大小调整，并且还配备了集束光和带电源的照相机。它代替了原来的笨重的大显微镜，而且更重要的是，原来的手术显微镜是无法调节焦距的。它的诞生帮助医生更方便地使用复杂、精细的手术技术来进行手术，比如在进行前列腺手术时，就可以避免传统手术所可能引发的阳痿与小便失禁等问题，这对于患者来说无疑是一大福音。

现在，光学界的大亨们都不能使用来福公司的专利。来福公司已经成功地开辟了一个新的行业，并且在其中争得了一席之地。由于 Varioscope 显微镜给手术带来的便利，它现在已经被 60 多个国家的医院所采用。一旦某个仪器的优势显现出来，那么被大家所采用就只是一个时间问题。

最后垄断者的衰落——国家货币的私有化

现在，没有一个领域像货币一样仍然牢牢掌握在国家手中，丝毫没有受到几十年私有化进程的影响。

20 世纪 80 年代，英国首相玛格丽特·撒切尔启动了企业的私有化进程，世界各国也纷纷效仿英国的这一做法。这一全球企业私有化进程速度之快，涵盖范围之广（包括公用设施垄断企业、电信企业、邮政服务、铁路、银行垄断企业等），堪称人们所目睹的最惊人的潮流之一。既然政府垄断企业的私有化已经完成，那么，现在是废除中央银行的时候了。为了未来的发展，现在我们需要有竞争力的货币，可以和国家货币直接竞争的货币，就像我们需要其他电话公司直接与国家电话公司竞争一样。

在美国历史上，1837—1866 年被人们称为“自由银行时代”。当时，国家、公司、私有银行，甚至个人都可以发行纸币，那时是存在真正的货币竞争的。

现在，许多种类的新货币出现在了世界各地。在全世界范围内，4 000 多个团体都根据不同的社会目的发行了自己的货币，比如出现在日本的 400 多种用来支付养老服务的私人货币系统，再比如纽约伊萨卡的纸币系统伊萨卡时间[①]，人们利用它可以把自己的劳动时间换成等值的社会产品和服务。

这些“免费货币”还包括航空公司所发行的里程积分奖励，现在人们甚至可以用它来付电话费、出租车费、餐费、酒店住宿费，或者购买商品，即使你根本没有坐过飞机也没有关系。

除此之外，我们还有“替代货币”，比如现在发展迅速的信用卡和其他交易手段。里程积分奖励券也可以被看作替代货币，因为

---

① 伊萨卡时间是由美国人保罗·格罗弗（Paul Grover）于 1991 年在纽约州的伊萨卡创立，目前约有 70 多个类似的系统散布在美国、加拿大等地，是一种民间发行的纸币，1 个 Hour 相当于 10 美元（1 小时工作约 10 美元回报）。——译者注

你可以把它们当作货币使用。（据《经济学人》统计，现在尚未兑现的里程积分奖励券的总价值甚至超过了流通的纸币。）

在即将结束对2003年威尼斯双年展参观的时候，我和妻子多丽丝来到了位于普里奇欧尼宫的台湾展馆，它就在圣马可广场附近。一进门我们就发现大部分地板上都堆满了漂亮、饱满的白色大蒜头。后来我们发现，这是对一种新货币进行的宣传。

我们被邀请进入了大蒜市场G-Mart，这里的G代表的是大蒜——被作为货币发行的有机大蒜。“2030年，它将成为人们日常生活中不可缺少的商品，因此会成为世界通用的货币。”中国艺术家郑淑丽（Shu Li Cheang）说自己的设计是“与现有经济体系的一种对比，对货币的价值和意义提出疑问”。现在我还保存着几百张G-Mart的万元纸币，它们都可以兑换成有机大蒜。

现在，世界上有各种各样的货币，有免费货币，还有替代货币，但它们都只是政府发行的国家货币的补充货币。这些国家货币垄断机构仍然没有受到挑战，但这一情况不会永远继续下去。

分散化的最后一步就将是所有垄断之母——国家货币的私有化。要想实现这一过程，人们所需要打破的思维瓶颈就是，货币和汽车、冰箱、马铃薯、金子一样都是商品。

政府的货币垄断也出现了问题。货币垄断有着其他一切垄断所拥有的缺点：无论产品质量如何，人们都必须使用它，而且最重要的是，它还阻碍人们找到更好的方式来满足自己的某种需要，因为垄断企业是没有创新的动力的。

人们通常意识不到货币垄断并不比其他的垄断行业好到哪里去。18 世纪以来的很长一段时间内，经济学家们都普遍认为，政府最重要的功能之一就是建立货币制度并发行货币。（顺便说一下，这并不是亚当·斯密的看法。）现在，这一普遍共识开始受到人们的质疑。

如果我们花点儿时间仔细考虑一下，我们就能很容易地发现政府将来仍然无法提供有效的货币。所有政府发行的垄断货币的购买力还会继续下降：

- 1971—1991 年，由于通货膨胀，德国马克贬值率超过了 52%，而且这还是德国经济发展相当不错的一段时间。
- 同一时期内，美元贬值 70%。
- 同一时期内，英镑的贬值率超过了 84%。
- 1995—2005 年，美元贬值 33%。
- 观察一下任何国家任何一段时期的货币，你会发现它们都在贬值。

为此付出代价的却是老百姓。我们每个人都为垄断货币的低效付出了代价。

美联储前主席保罗·沃尔克在 1990 年的一次演讲中曾经说，中央银行“不适合于市场经济”，还说“中央银行制度简直完全属于 20 世纪”，而在刚刚成立的时候，“中央银行被看作和用作政府融资的一种手段”。

很长时间以来，人们都在说政府“只会印钞票”。现在，它们还创造了电子钞票。技术的发展大大推进了新的货币和货币系统的前进。

我们不知道货币制度将会走向何方，但进行多种选择的自由似乎是未来的一个趋势。如果人们能够自由开发新的货币系统的话，可供选择的货币种类肯定会超出我们现在的想象。

一个可喜的变化已经出现，那就是政府货币垄断已经开始受到了挑战，而且任何高通货膨胀率都将会加速政府货币垄断消失的进程，因为人们会无法容忍政府从我们口袋里窃取更多的财富。因此，国家货币的垄断势必会被打破。未来会出现多种货币：免费货币、替代货币，而且它们之间会存在竞争的。

2006 年卸任的前美联储主席艾伦·格林斯潘曾经预言："21 世纪的货币将会回归私人化。"他虽然给出的只是一个大体框架，但我仍然愿意相信他。

全球人才共享——体育界仍然是领跑者

和分散化及全球经济行业同时出现的还有全球人才的共享。外部采购，这个最近一段时间内我们经常听到的词语，是全球分散化新的帮手。它把企业的人才招聘范围扩大到了全球，把分散化的程度深入到了个人。

几年前，皇家马德里足球队还是当之无愧的"银河战舰"时，队内只有两名西班牙本土球员。熟悉足球的人都知道，欧洲足球赛场上经常是外国球员多于本国球员。现在，在欧洲球队效力的巴西球员就超过 100 名。足球为人们提供了一个"外部采购"高水平人才的范例。

美国人也非常擅长此道。在2006赛季开始的时候，棒球职业协会中超过30%的球员都不是在美国本土出生的，这一数字在小职业球赛中更是达到了令人震惊的50%。篮球也在世界各地传播开来，现在NBA（美国职业篮球赛）在以43种语言向205个国家转播。2006赛季，塞尔维亚球员在美国NBA中效力的一共有10名，是除本土球员外人数最多的。2005赛季中有15%的外援，其中有6个还参加了全明星赛。我们可以毫不夸张地说，NBA的最佳球员中有一半都来自其他国家。

2005年NBA总冠军圣安东尼奥马刺队也是NBA中国际化程度最高的一支球队。它们队中的外来球员比本国球员还要多。12名球员中有7名外来球员，分别是来自阿根廷的马努·吉诺比利（Manu Ginobili）和法布瑞斯尔·奥博托（Fabricio Oberto）、法国的托尼·帕克、斯洛文尼亚的拉多斯拉夫·内斯特洛维奇（Rasho Nesterovic）和比诺·尤德利（Beno Udrih）、英属维京群岛的蒂姆·邓肯和新西兰的肖恩·马克斯（Sean Marks）。它还在选秀中挑中了欧洲最出色的巨人——身高2.04米，正在西班牙欧洲劲旅塔乌俱乐部效力的阿根廷球员路易斯·斯考拉（Luis Scola）。2006年6月20日，NBA首位的欧洲选秀状元诞生，他就是身高2.11米，体重109公斤，一直在欧洲贝纳通俱乐部效力的意大利前锋安德烈亚·巴尔尼亚尼（Andrea Bargnani）。

这种体育行业的人才模式也正是经济行业中人才流动的一个预演。

供求决定了市场。球队选择自己的球员，最好的球员也可以选择自己愿意为之效力的球队。就像我在前面提到的那样，在行业中的定位是每个人自己的事情。

某些地区的经济问题应该可以通过在全球市场中寻求机会而得到解决。如果变革的利益能够明显地显现出来，那么人们肯定会欢迎它的。

人才的大规模定制

在现今的商业领域中，人们可以从世界各地找到各种层次、拥有不同技能的人才，就像体育界一直以来所做的那样。我们可以从其他公司聘用一个优秀人才来加强公司的实力，而且我们还可以在全球范围内通过电子手段进行招聘，这样，足不出户就可以广招天下英才。在斯坦·戴维斯（Stan Davis）的大规模定制概念的基础上，我把这种趋势称为人才的大规模定制。

古典经济学家亚当·斯密对于劳动力的分类已经过时，取而代之的应该是对人才的分类，大规模定制也从衬衫和牛仔发展到了人才行业——根据需要在全球范围内招募人才。体育行业就是一个很好的例子，人们从国外招募的不再是廉价制造业劳动力，而是费用不菲的人才。想象一下，以后在全球进行流动的人才不仅有足球运动员，还会有工程师、医生、设计师、科学家和管理人员。这样，我们的世界将会在一个更高的层次上进行重组。

现在，防止机构规模过大和官僚化的策略就是使机构更加本土化，并且进行海外招募，甚至对原来一直由本国人员管理的人力资源部门也是如此。（比如，英国石油公司人力资源部门的工作就是由美国加利福尼亚州的一家公司来全权负责的。）化工巨头杜邦公司把自己的人力资源管理，包括员工总人数规划、劳工关系和绩效管理都以外包的形式委托给俄亥俄州一家叫作辛辛那提肯沃基公司的企业。这份为期 13 年的合同涵盖了全球 70 多个国家的 60 000 名员工和 100 000 名退休人员，总价值达到 11 亿美元。

这一发展为中介和小公司为大公司服务提供了大好良机。尽管它们的首席执行官和人力资源经理多年来一直在强调“人力资源是我们最宝贵的财富”，但它们现在已经愿意请陌生人来管理了。

就像休斯敦火箭队从中国引进了姚明一样，日本索尼公司引进了美国人霍华德·斯普林格（Howard Springer）做自己的首席执行官。这位前哥伦比亚广播公司的高管不会说日语，甚至在日本连办公室都没有。面对人们对他不学日语，不去日本的批评，斯普林格回应说：“我不住在好莱坞，但是负责电影制作；我不唱歌，但是管理一个音乐公司。”

人才引进可近可远

人们通常并不把密苏里州看作改革创新的中心，但就是在那里，麦当劳采取了一项跨度达 900 英里的措施来改进自己的服务。

当顾客在点餐窗口停下，为自己点了一顿丰盛的汉堡大餐时，他怎么也不会想到自己的订单会被传到900英里之外的科罗拉多，那里有一位服务员为他拍下数码照片，并把订单在屏幕上显示出来以便他确认，然后这位服务员再把订单和照片传回密苏里的备餐室。这一切甚至在顾客还没有离开点餐窗口的时候就已经完成了。

密苏里州工人的工作被科罗拉多人抢走了吗？是的，当然如此，但科罗拉多人赢得了工作，而且密苏里州的顾客也得到了更快、更好的服务。这样有什么不好吗？

通过远程传递的不仅是麦当劳的汉堡订单，印度的放射线学者也通过在网络传递的X光片来分析美国病人的病情。这样可以减少病人的费用，还可以提高美国医疗保健的效率，有谁会反对呢？当然，肯定有人会反对，那就是美国的放射线学者！

如果病人的X光片可以在印度以比较低的费用来进行分析，那么任何力量也无法阻止世界各地的医生找印度的放射线学者来为自己服务。如果一辆汽车可以在韩国以比较低的价格生产出来，那么它就应该在那里生产，而且也肯定会在那里生产。如果处理电话查询的价格在爱尔兰比较低，那么它就应该在那里进行。这样做会提高双方的收入，因为资源以更加有利的方式进行了重新部署。就像亚当·斯密所说的那样，贸易是一个双赢的游戏。

当然，制造业大规模的海外招聘已经进行了几十年了。现在刚刚开始的是具有技术和知识的各种高层次人才。高水平专业人士的迁移是全球贸易竞争方面的变化的体现。世界贸易体系现在正在更高的层次上进行重组。虽然我们对此已经谈论已久，但是直到现在，公司才可以在全球范围内寻找最适合自己的优秀人才。现在人们所做的不是为自己的项目招募到全美国最优秀的工程师小组，而是全世界最优秀的工程师组成的小组。现在，海外人才输出最多的国家依次是印度、中国、马来西亚和捷克。在高层次人才方面，还有新加坡、加拿大和新西兰。

因此，所有国家都要提高自己的教育和培训水平。这个话题我们已经谈论很久，但是现在我们必须真正行动起来。现在，美国在竞争激烈的全球经济中处于领先地位，但是如果它不对自己的基本教育体系给予足够重视的话，这一领先地位迟早会丧失。近年来，毕业生的质量一直在下降，而且就像美国的钢铁行业一样，政府补贴在增加，产品质量却在下降。美国的小学和中学教育就在下降，它们的“产品”质量越来越差。它们就像是一个垄断企业，靠补贴来维持生存，有强大的保护和极差的管理。现在它的情况已经十分糟糕，我只能寄希望于有一天它能够实现私有化，用竞争机制来改善这种状况。美国高等教育体系之所以在世界处于一流地位，就是因为它的竞争体制。

许多年来，我一直在敦促各个国家把教育和培训放在经济建设的首位。如果想要成为世界经济中的一员，不管是个人还是国家都必须把教育放在首位。教育一直在国家和个人的发展中起着基础性作用，而且将来也会如此。

我和妻子多丽丝曾去过越南，我们在那里看到了这个国家正在努力推动自己成为一个重要的人才输出国。在越南，数学一直是学校教育的重要环节，现在电脑课程也成了他们的重点，而且这个国家的工资水平非常低。一家芝加哥公司 World' Vest Base 就在河内拥有 38 名员工，他们负责通过查阅网上信息为公司提供股票市场行情，然后公司再把这些信息传给世界各地的客户。它付给这些拥有金融或者会计学位的年轻人的月薪仅为 100 美元。

阿特拉斯公司在西贡有 100 多名员工，他们负责为英国建筑公司把建筑图做成设计图。越南人正雄心勃勃地打算在不久的将来在人才输出方面与印度竞争。

廉价劳动力的消失

我们知道，寻求海外廉价劳动力的做法已经快要走到尽头，原因有二：

1. 发展中国家的工资水平正在大幅上涨，而且工资也能够反映一个国家的生产力。（墨西哥的生产力是美国的 1/5。）这是很简单的一个道理：世界贸易越频繁，工资水平差距就会越小。

2. 产品价值中的劳动力含量在大幅下降：1970 年时，它大概占到 25%，而现在只有大约 4%。

全球化就意味着美国化吗

全球化与分散化这两个同时进行的进程使我们从一个由国家组成的世界转变为由经济行业组成的社会，这并不是说出现了一种新的组织形式，而是一种看待世界的新视角。人们一直持有两种偏见：亚洲正在夺取我们的工作机会，美国正在蚕食我们的本土文化。但是我并没有从现实中看出这两种趋势。

我经常听到有人担心中国在抢夺西方的工作机会，也经常听到人们对于美国生活方式对东方国家的影响的关注。问题是："全球化就意味着美国化吗？"我认为并非如此。在衡量全球化时，我们可以统计电话通话数量、货币流通、贸易总额等等，而文化和思想的传播却很难衡量。人们没有意识到的现实是，在文化方面，美国自身的变化要比它对世界的改变大得多。因此，改变世界的是世界本身，而非美国。移民对美国的影响要远比美国对世界的影响深远。

人们所抱怨的所谓全球美国化只是最浅层次的：我们吃的食物、看的电影和穿的衣服的美国化。但是考虑一下这个事实：美国的中餐馆比麦当劳还要多。

在民族构成方面，美国是世界上最多元化的国家。40 年后，1/4 的美国居民将会是拉丁美洲后裔，到那时，拉丁后裔和亚洲后裔将占到美国总人口的 1/3。现在，伊斯兰教在美国已经是排在基督教之后的第二大宗教，汉语已经是在美国使用最广的第二大外语。这些变化都直接关系着美国人的构成和美国这个国家的文化。

全世界的人们都在极力维护自己的文化特征。非常矛盾的一件事情就是，我们的全球化程度越高，就会自觉或不自觉地更加关注自己的文化特征。这一点是永远不会变的。我们的语言、家庭、社区、文化遗产都是因国家而异，或者因人而异的。国家的任务将会越来越侧重于发扬自己的文化特征和遗产，以及发展教育。

在全球经济进程中，经济的重要性仍然会压倒政治，而且全球经济对我们生活的影响也远远高于政治。未来就隐藏于现在的经济决策中。这也是我们需要更好的手段来衡量世界经济全球化的原因。世界的经济关系和活动正在朝着一体化、自我管理化发展。观察、了解世界经济一体化的窗口就是经济行业。

所应用的思维模式

思维模式 5 把未来看作一幅拼图：预测未来有时也是有感而发。近年来，我开始注意到以国家为单位的经济指数的实用价值越来越低。经济势力正从国家转向我所认为的经济行业。因此，要想预测经济发展，要关注的就应该是经济行业。

思维模式 10 旧的不去，新的不来：我们往往会对自己的知识广度要求过高。世界经济中并不是所有事情都是与我们有关的。我们的兴趣应该围绕经济行业。因为经济行业是独立运行的，因此你应该围绕你自己的经济行业规划出自己的领域，然后按照“旧的不去，新的不来”的原则对它们进行管理。

思维模式 2 未来存在于现实之中：经济行业信息远比国家 GDP 所反映的信息可靠得多，也比较容易统计。它们可以更加真实地反映世界经济活动的状况。开始的时候，经济行业指数可能会与 GDP 指数共同运行，但是它最终将取代 GDP 指数。

第十三章

欧洲：双重保证的衰落

整个“欧洲雕塑”共有25种心态和两个心脏。25个国家的心态与其他无法融合的因素：传统、雄心、福利和经济领导权混杂在一起。它的两个心脏也是以不同的节奏在跳动，一个是经济霸权，另一个是社会福利。骄傲和雄心都想争得自己的一席之地。无论要达到哪个目标，这两方面都必须相互妥协，但它们又都不愿意这样做。根据我的经验，我相信欧洲更有可能成为吸引富有的美国人和亚洲人前来参观的历史主题公园，而不是它自己展望的美好前景：世界上经济最有活力的地区。在经济方面，欧洲正在经历着双重保证的衰落。

欧洲的雄心壮志

自从我开始在世界各地讲学以来，曾多次到过欧洲，甚至曾在巴黎买过一套公寓。在那里的经历让我对欧洲文化和思想有了深入的了解。但是，当我与欧洲的联系越来越密切，特别是开始在维也纳生活之后，我渐渐意识到自己对欧洲的认识还远远不够。我还娶了自己作品的德文出版人，无疑为作家与出版商的关系增添了新的内容。

2000 年是搬去欧洲的不错的时机，我可以在那里亲自体验作为一个整体的欧洲将会发生的变化。那时的欧洲到处洋溢着对欧盟和即将诞生的欧元的兴奋之情。几个世纪以来，哈布斯堡王朝的所在地奥地利又将重新成为一个地理中心，维也纳也将重新成为沟通东西欧的桥梁。空气里弥漫的都是乐观的气氛。

1951 年，当法国、德国、意大利、卢森堡、荷兰和比利时共同组成欧洲煤钢联营时，通向欧盟之路就已经开始了。在这一过程中，欧洲人渐渐开始期待欧盟的形成。回顾一下弥漫着战火硝烟的欧洲历史，我们不得不承认，放弃有着 700 年历史的武力解决问题的传统真是一个奇迹。从此，他们不会再诉诸武力，问题可以通过外交、国际法、协商谈判和多边主义来解决。欧盟的成立是世界历史上规模最大的地理政治变革。

2000 年的《里斯本协议》（*The Lisbon Accord*）明确写明欧盟的目标就是“把欧盟发展成为世界上最具竞争力和活力的知识经济实体”。也就是说，它想要挑战美国的霸主地位。奇迹到这里就无法再继续下去了。也许奇迹还可以继续，但前提是它的两个心脏的跳动节奏必须一致。欧盟肯定举双手赞成歌德在《浮士德》中的一句话：“在我的胸中，唉，住着两个灵魂。”

一个心脏——社会性灵魂，跳动的节奏是管理、集中化、严格的劳动制度和财富的重新分配。另一个心脏——自由主义灵魂，追求的是自由市场、分散化、对企业家的扶持。这两种理念的结合才能实现欧洲经济的飞跃，但是尽管欧盟国家，特别是德国和法国，一直在谈论经济改革的必要性，它们仍然在坚持旧的“欧洲社会模式”，而维持这种模式的难度变得越来越高。欧洲离走向世界经济霸主的道路越来越远，因为它高度信奉自己的子民，著名心理学家西格蒙德·弗洛伊德的一句话“受苦容易，行动难”。尽管双方都坚持自己是正确的，但谁也不能改变这种相持不下的局面。政治家们无休止的讨论并不是关于如何利用新的机会支持企业发展、吸引世界各地的人才来壮大欧洲的力量，而是如何才能维持现在的福利社会，一个导致经济低增长和高失业的福利社会。除非进行重大改革，否则欧洲最大的可能不是成为世界知识经济的领导者，而是人们用来瞻仰它的光辉历史的旅游景点。

如果你想对欧洲的现状和未来发展方向做出自己的判断，那你首先要了解“比赛结果”。欧洲的今天隐藏的是什么呢？

寻找“真正的欧洲社会模式”

对欧洲这个整体进行讨论十分必要，但是又相当有难度。有一个支持、一个反对福利社会的心脏已经够复杂了，但除此之外，25 个成员国的 25 种心态又各不相同。每个国家都在努力论证自己的观点和需求，比如负担福利系统的不可行性、福利社会所导致的经济减缓与财富重新分配的道德责任、自由市场的不公平之间的争论。社会模式的支持者们并非看不到经济问题，自由市场理论家们也不是看不到福利社会的好处。它们所缺少的是两种生活态度——人道主义理想和经济现实之间的互相妥协。

欧盟委员会前委员安娜·季亚曼托普洛（Anna Diamantopoulou）对此就曾做出过以下评论：“对于欧盟中的许多人来说，‘欧洲社会模式’这个词语可以引发他们对于社会公平与团结的美好情感。但是对于另外一些人，它只会提高他们的血压。”

欧洲社会模式的特点是什么呢？一谈到这个问题，麻烦就来了。欧洲并没有一个统一的社会模式，它的内部有许多不同的集团以及不同的关注点。《经济学人》曾经提出过一个非常有趣的比喻：“（欧洲）社会政策的种类就和各个国家的酒类一样多。”干杯，干杯，到最后每个人都会被欧洲的这种局面搞得酩酊大醉。不过，这25种模式可以大致分为四大体系，每一体系都有些相似的特征。

大陆体系

大陆体系是由德国首任首相（1871—1890年）奥托·冯·俾斯麦所建立的。他是首位制定出全面社会保障体系，为工人提供意外事故、医疗和养老保险的欧洲政治家。老人从70岁开始就可以得到退休金。当时人们的平均寿命是40—50岁，而现在已经达到了78岁左右。俾斯麦的这一保障系统并不是对财富进行重新分配，而是强制市民为自己保险。现在，德国、法国、奥地利、比利时和其他的一些国家仍然在采用这一体系。由于老年人口的日益增加，它的保险效应将很难再持续下去。

如果德国的约翰内斯·施密特失去工作，那么在未来的12—36个月中，他仍然能够领到原薪水的60%，还有其他的政府帮助，包括培训和在找工作方面的扶持等。

地中海体系

该体系中意大利、西班牙和希腊等国家都有严格的法律来保护劳工权益，但是在对失业的救助方面没有太多支持。社会保障仍然被看作家庭的责任，整个体系都依赖于内部家庭支持。而且也不是每个人都在这个体系的保障范围之内。

如果吉阿克默·埃斯米多（Giacomo Esmido）在意大利失业，那么他只能在失业后180天内领到自己最后一份工资的40%。

斯堪的纳维亚体系

斯堪的纳维亚国家的社会保障最为优越，它们的这一体系主要是靠税收来维持的。它们并没有什么法律来保护人们的工作权益，但是为失业人员提供非常高的福利，并且注重帮助他们重新找到工作。社会福利被看作人们的一项权利，因此受到政府的高度保护。人们的收入进行了高度的重新再分配。如果在欧洲不想工作的话，毫无疑问你应该去这些国家。

如果丹麦的延斯·索伦森（Jens Sørensen）失去了工作，那么他的日子还很不错。如果他是一个没有孩子的中年人，那么他在失业后至少可以在4年内领到自己原工资的90%。这真是不错。但是维持这样一个系统的代价也相当高。在德国，税收收入的45%都投向了福利系统，在丹麦和在瑞典，这一数字更是分别高达49.6%和50.7%。

爱尔兰和英国体系

爱尔兰和英国在保护劳工权益和税收调节方面都没有太严厉的措施，但是这两个国家都有帮助人们再就业的制度。而且它们都有慷慨的失业救济，这是它们与美国的最大区别。它们所关注的不是缩小收入差异，而是消除贫困。

一个失业的英格兰人可以无限期地接受每月400美元的救济，而且在前182天内还有额外补助。

捷克前总理、欧盟委员会25名委员之一的弗拉迪米尔·什皮德拉（Vladimir Spidla）这样解释社会模式的价值："尽管各个国家的制度并不完全一样，但欧洲社会模式的根本规则是把所有居民都纳入基本的社会保障体系，不遗弃任何一个人。它的目标是为处于困境中的人们提供支持，包括遭遇疾病和意外、自然灾害，以及影响到正常教育和就业的经济和生活方面变化的人们。"这一愿望本身并没有什么错，但只要欧洲还没有发现一个至少像沙特阿拉伯那么大规模的油田，它们就根本没有办法维持这个系统。

社会福利的支持者们经常会强调欧洲与美国之间的区别是对欧洲的威胁，并把这作为反对美国的一个证据。在一个每年至少有4周休假的假期天堂，两周的假期简直就是不可想象的。事实上，欧洲人的平均工作时间只有美国人的70%。但是，减少在欧洲已经持续了一个多世纪的社会舒适性不啻在印度屠杀圣物——牛。

《华尔街日报》欧洲版指出，欧洲政治家们对于这一体系的理论价值的关注程度远远高于它的实际效益。而且，从理论上说，欧洲模式非常有意义，因为是它把欧洲与自己的敌人美国区分开来。人道主义的大旗必须飘扬在欧洲上空。

因为在欧洲生活的经历，我非常赞同乔舒亚·利夫斯通（Joshua Livestro）在《华尔街日报》上的观点："欧洲模式并不只是一种经济模式。它还是一种心态，一种生活方式，一种世界观。"

它是一种非常安逸的生活方式。我还清楚地记得当我给维也纳的出版商打电话时，许多次她的回答都是："我们明天不工作。明天是假期。"今天的欧洲有着太多难以融合的因素：传统、雄心、福利和经济领导权等。这些都被红眼政治所掩盖。也许这种做法很流行，但报纸上、政治家的演讲中对美国"财富不平等"的指责和对财富再分配的呼吁根本无助于实现自己雄伟的经济目标。

奥地利前总理沃尔夫冈·许塞尔（Wolfgang Schüsse）曾经改编过一句奥地利谚语："我们必须从一个有福气的国家转变为一个勤劳的国家。"这表明他已经开始正视现实了。

从社会主义瞭望塔到资本主义工厂

当第一次去维也纳的时候，招待我的主人带我去了一个叫作莫尔比斯的湖边村庄，那里以拥有众多鹳和它们的巢而闻名。他们告诉我，奥地利与匈牙利的边界就在湖的中央。他们还带我去了位于陆地上的边界。当我们沿着通向边界的路向前走时，骷髅画像随处可见，警告我们再靠近就会导致严重后果。当看到每隔 200 米就有一个匈牙利木制瞭望塔时，我感觉非常不舒服。在塔顶的平台上，卫兵们在端着枪巡逻，随时准备射击任何企图穿过边境的人。那仅仅是 30 年前的事情。

现在，匈牙利已经成为欧盟成员国了。在去美丽的布达佩斯参观的途中，经过宽松的护照查看之后，我们就开车穿过了边境。在 20 世纪 80 年代末的时候，就是匈牙利首先在铁幕上捅开一道裂缝，使民主德国人能够穿越边境到达奥地利，而且是它第一个在 20 世纪 90 年代向外国投资者开放的。

在欧盟最近的一次扩容中，匈牙利、斯洛伐克、爱沙尼亚、斯洛文尼亚、捷克和其他一些原来在苏联影响范围之内的小国家也都加入了欧盟。现在它们比法国和德国在商业方面更加友好，在经济上更加自由。这些欧盟的新成员正在以低税收和高扶持政策来吸纳尽可能多的公司。在一个以经济行业划分的世界中，重要的不是你的总部在哪里，或者是你的经济活动在哪里进行。就在过去的两年时间里，斯洛伐克的工厂和工人已经成为汽车行业重要的一部分。

它的个人所得税对所有公司都是一视同仁的，同为19%。这些原来经济落后的国家现在发展得都不错，这都是因为它们对经济行业的参与。

移民：机会还是灾难

我不仅来自一个移民国家，而且来自一个移民家庭，是我们家庭的第一代美国人。我的父亲出生在苏格兰，母亲出生在丹麦。就像我的妻子多丽丝所说的那样，我回到欧洲就是回到了家乡。即使有着这种背景，而且还在欧洲住了几年，我还是不能理解欧洲人对外国人的恐惧。几年前，我曾被邀请在奥地利政府一个关于可持续性的会议上发言。在会上，人们谈论了许多关于全球变暖、自然资源、转基因食品等的问题，但没有一个人提到欧洲人口的可持续性。既然这些国家因为人口下降而导致劳动力不足，既然它们需要人才，既然它们需要精力充沛的人群，那为什么要拒绝移民呢？在一个关于可持续性的会议上，为什么人们都不提人口的可持续性呢？

欧洲的许多人都说移民只会寻求欧洲福利社会的福利，工会则抱怨移民只会抢走自己工人的工作。但是，在动态经济中，失去工作是不可避免的，工作变化是时代变化的必然结果。

欧洲的低出生率再加上普遍不愿接受移民的态度将会很快给欧洲带来问题。欧洲的出生率只有1.4%，而2.1%的出生率才能够维持社会人口基本不变。如果欧洲的出生率无法提高（而且现实情况显示这很有可能），而且还继续限制移民，那么在经历两代人之后，欧洲的人口就会下降到现在的一半。

就像《经济学人》所评论的那样，“从长远来看，人口的优势将会增强美国的国力，继续拉大与欧洲的差距”，形成一个“年轻、充满活力、丰富多彩的美国与衰老、保守的欧洲之间的强烈反差”。这话可能有点重，却是事实。

尽管欧洲有着雄心壮志，但是毫无疑问，它们很有必要改变自己的心态。政府的工作并不是为所有人提供工作和福利，而且它们也无法做到。人口老龄化问题会使福利体系难以维系，事实上，现在已经很难维系了。尽管如此，用移民来弥补低出生率的方法却受到广泛谴责，而且，这还是一个经常用来吓唬人们会因此而失去工作的政治手段。

与之相比，美国在引进人才方面非常积极。每年它都会吸收100多万的合法移民，比世界上其他所有国家吸收的移民的总和还要多，而且自1976年以来情况一直如此。这100万都是些什么人呢？其中的大部分都是有才能、有雄心，想要在美国这个自由国度实现自己梦想的能人。美国的人才库中每年都会增加100万人。由于智力和才能是任意分布的，你可以想想仅仅靠国内的出生率的话，它要多高才会出现这么多人才。

我的经验是，只要经济上需要，并且它本身有价值，那么变革就会发生。经济改革的必要性在欧洲是不言而喻的，但是似乎即使有明显的利益，欧洲人也不愿意变化。

良好的企业环境是竞争经济的基础。但是欧洲人认为，政府应该阻止企业开除员工，而且应该投资新的政府工程来创造新的工作机会。日本多年来也是如此，现在没有一个国家像它一样在几乎没有水流的小溪上修建如此多的桥梁。

只有企业家才能从下而上地建立新公司，从真正的意义上创造就业机会。这就需要扫除在建立公司过程中的所有的官僚主义障碍，并且提供一些鼓励措施，比如在公司成立一年内免掉其税款等。更重要的问题，我想，是欧洲人似乎不明白企业是需要赢利才能够继续下去的。许多欧洲人似乎认为公司可以在赢利和为了保证更多工人的工作而赔钱之间进行选择。

当然，欧盟现在对废气排放、可再生能源、物种多样性和社会融合等问题都进行了广泛关注，在经济增长方面却没有什么作为，甚至在一些情况下还阻碍了它的发展。经济改革也根本没有实施。社会模式仍然深得人心，以致基本没有一个政治家敢强烈反对它。的确，有人提出福利应该减少，或者使这一体系更加有效，但这种模式本身没有受到丝毫质疑。

经济改革就是要提高生产能力，这是唯一标准。所有关于经济改革的讨论都应该由这一标准来进行评价。现在，欧洲在很大程度上是在敌视企业、企业家，而现在也正是最需要它们的时候。

谁有权利来统治世界

人道主义——文艺复兴这个文化和历史新纪元中的精神核心，已经成为欧洲的一面旗帜。人道主义在哲学上的含义就是任何关注人类需求和兴趣的观点和生活方式。它在许多方面都被看作欧洲的遗产和理想。

很显然，欧洲是带着相当的优越感来看待一些人的，特别是法国人，把小布什总统领导的美国描绘成一个吐着帝国主义、新保守主义和福音主义火焰的三头怪物。自认为在精神上优越并因此宣称自己对经济和军事霸权也负有道义责任的欧洲，与思想自由和在事实上具有经济和军事霸权地位的美国之间的敌对是不可避免的。

哈耶克：一位欧洲移民的命运

1950 年，弗里德里克·哈耶克接受了芝加哥大学的邀请，从伦敦乘船前往美国。他在欧洲得不到重视，在美国却受到欢迎。在 20 世纪接受过经济学教育的他正在通往成为 21 世纪最重要的社会哲学家的途中。斯坦福大学经济学家托马斯·索维尔（Thomas Sowell）称他为“改变 20 世纪思想进程的先驱”。

哈耶克为什么在欧洲得不到重视呢？和自己同时代的人不同，哈耶克认为，发展的最佳方式不是集中规划。他解释说，集中化体系在理论上可能比较有吸引力，却有一个无法克服的基本问题，

“知识的分工”。如果想要了解资源应该如何分配，中央计划者就必须了解人们需要什么样的产品以及怎么才能实现这些产品的最低成本。

这些知识都是存在于个人消费者和商人的头脑里，而不是中央计划机构中的。哈耶克还说，消费者与公司协调这种知识的唯一实用方式，就是通过由市场来决定的价格体系。哈耶克教给我们的最重要的一课，就是中央计划与个人自由是不可能共存的。他希望人类社会能够自由地自然发展，这才是应对未知的最佳方式。

不管我们的社会组织结构有多么不同，我都要告诉你，如果欧洲想完成从衰落的福利社会到自我管理的市场经济的转变，就必须要倾听弗里德里克·哈耶克的声音：

1. 他是一位伟大的自由哲学家。对于哈耶克来说，个体是非常重要的。在他的名著《通往奴役之路》（*The Road to Serfdom*）中，他总结说：“对待个体的自由政策是唯一真正进步的政策。”这一思想应该成为欧洲的指路灯。

2. 他认为，自由市场资本主义是现代社会唯一可行的组织方式，经济增长的关键是“知识”。他是以非常现代的方式来阐述这些观点的。他把资本主义比作一台自发的信息处理机，把处理过程比作一个“电信系统”，这在当时都是令人十分震惊的观点。现在这些观点已经基本被普遍接受，但在欧洲仍然缺乏市场。

3. 他坚持自己的想法。《通往奴役之路》一书抨击了战争时期所建立的福利社会制度。整个欧洲只有他一个人孤独的声音，非常不受欢迎。在英国，人们甚至称他为“大恐龙”。《通往奴役之路》一书主要是针对欧洲的，但欧洲对它毫不理睬。欧洲人守旧和害怕犯错误的痼疾仍然没有消除。

当哈耶克在1974年与纲纳·缪达尔共同获得诺贝尔经济学奖的时候，已经在国际上得到了一些认可。但是，当时的欧洲仍然否认他的价值，许多人都说：“缪达尔受之无愧，哈耶克糟糕至极。”缪达尔甚至在后来表示，如果自己早知道这个奖项是与哈耶克分享的话，那自己当初就不会接受它。

1989年，也就是在哈耶克去世的三年前，他在自己德国弗赖堡家中的电视上目睹了象征着民主德国失败的柏林墙的倒塌。这肯定是非常幸福的一刻！

最欢迎哈耶克的国家，就是欧洲最不服气的国家——美国。

美国：被憎恨、被羡慕、被嫉妒、被模仿

有时，最团结的事情就是拥有一个共同的敌人。

美国，这个欧洲政体的肉中刺，可能是雅克·希拉克（Jacques Chirac）、格哈特·施罗德等美国反对国领导人之间关系的最有效的催化剂，他们都十分欢迎如电影制作人、《华氏9·11》导演迈克尔·摩尔（Michael Moore）之类的客人。我感觉，这些国家在潜意识中认为，如果世界需要唱响民主的歌声，那么音乐必须是由欧洲来制作才行。

当然，欧洲有着非常长的殖民历史，有些甚至持续到了20世纪。“欧洲把世界看作一个自选商店。”德国不来梅电台曾经这样评价。欧洲是因为自己的历史才来挑战美国在全世界推行民主的做法的吗？有部分原因是这样。

哈佛大学肯尼迪政府学院卡尔人权政策研究中心主任迈克尔·伊格纳蒂夫（Michael Ignatieff）把美国描述为一个“松散帝国”：

> 美利坚帝国并不像原来的帝国那样，是建立在殖民地、征服和白人的负担之上的。21世纪的“松散帝国”应该作为一项新发明记入政治学历史，这种全球霸权的点缀是自由市场、人权和民主，而且还有世界上最强大的军事力量来保障它。9月宣布的《总统国家安全战略》中提出，美国要引领其他国家走向富强的唯一可行模式是自由市场和自由民主。

毫无疑问，这是一个非常远大的目标。

> ……“9·11”事件改变了每一个人，其中也包括并不喜欢巧言辞令的总统。他救世主似的演说对他来说可能是第一次，但是对于白宫来说并不是什么新鲜事。自从1919年伍德罗·威尔逊去凡尔赛，向世界宣告他要让民主的制度永存的时候开始，这种救世主似的言辞就已经进入美国词汇中了。

在小布什总统上台之前，美利坚帝国早已形成了。如果我告诉你美国有10位总统都是将军出身，你可能会感到惊讶。如果你想了解美国迈向美利坚帝国的历程，可以读一下吉姆·加里森（Jim Garrison）的著作《美利坚帝国》（*America as Empire*）。

多边的欧洲vs.单边的美国

在欧盟总部布鲁塞尔流传着一个笑话：北约秘书长乔治·罗宾逊（George Robinson）离任时问上帝："北约的力量什么时候能壮大？"

"也许在下一任秘书长的有生之年。"上帝回答说。

听到这话，欧盟共同外交与安全政策高级代表哈维尔·索拉纳（Javier Solana）很高兴，于是也问上帝："欧洲什么时候能够建立有效的外交政策？"

上帝沉默了一会，终于回答说："在我的有生之年是不行的。"

如果我们把这看作上帝对欧洲外交政策的评价的话，那么对于一个至少想在道德和人道主义方面征服世界的欧盟来说，这的确是个很严重的问题，特别是考虑到现在的世界形势。现在，批评美国是个片面限制武力者，想做什么就做什么，根本不和其他国家协商，也不像欧洲一样实行多边主义政策已经成为一种时髦的做法。

美国人不喜欢与别人共同处理事务。科索沃战争就说明了让美国和它的欧洲盟友来一起作战是多么的困难。在经历了所有事务都要和北约所有成员国协商才能决定的情况之后，美国在科索沃战争中得到了一个教训。用美国军队最高指挥官韦斯利·克拉克上将（General Wesley Clark）的话来说就是："我们再也不想这样了。"

我们也能经常听到小布什总统在联合国安理会上说同样的话："我们再也不想这样了。"而且，就像罗伯特·卡根（Robert Kagan）所说的那样："那些没有能力进行单边活动的国家很自然地就会想要建立一种机制来控制那些有能力的……对于欧洲人来说，联合国安理会就是它们所缺少的权力的替代品。"

和一些欧洲人的想法相反，比尔·克林顿最终也和小布什一样被冠上了单边主义的帽子。克林顿政府是弹着美国是一个"不可或缺的国家"的调子上台的，这是它的国务卿玛德琳·奥尔布赖特（Madeline Albright）最常挂在嘴边的一个词语。

2002 年 10 月，民主党人占大多数的美国参议院批准布什总统向伊拉克开战，而法国、德国、意大利，甚至英国的社会主义者都在一旁惊讶地观望。卡根指出，事实上，小布什对伊拉克宣战在参议院得到的支持比他的父亲发动第一次海湾战争时还要多。

你可能还记得欧洲人总是把罗纳德·里根在漫画中描绘成一个刚愎自用的牛仔。欧洲人喜欢说美国人是"牛仔"。这的确有点道理，但是对于在西部犹他州长大，并且直到加入美国海军之前一直骑马的我来说，做一个牛仔并非是什么坏事。

和美国牛仔的形象相比，我们需要再次引用卡根的话："欧洲喜欢搭美国的'免费车'，过去 60 年来它一直处于美国安全体系的保护之下。因为美国愿意花大价钱来保护他们，欧洲人就宁愿把自己的钱用在社会福利项目上，享受悠长的假期。”

所以说，美国人是牛仔，欧洲人则是占他们便宜的人。

至少，罗纳德·里根的确是骑马的，但小布什不是。他在自己的得克萨斯农场中开的是福特小货车。

当然，很显然这些讽刺漫画对我们并没有什么帮助。我们必须超越它们来寻求大家的共同之处。

欧洲 2010，一个总结

在我们得出结论之前，还是先观察一下欧洲的现实状况吧。

尽管欧洲与美国的实力差距越来越大，但是每年春天欧盟还是会重申里斯本协议。欧盟国家的人均收入比美国要低 25%，这一差距在最近 15 年来越拉越大。经济合作与发展组织（OECD）预测说，如果当前的情况再持续 20 年，那么美国人的平均收入将会成为法国人或者德国人的两倍。索尔斯坦在 2006 年 7 月接受《汉堡晚报》（Hamburger Abendblatt）采访时表示，德国人在 2006 年也许不得不再次接受实际薪水 0.7% 的下降。2005 年德国人的实际薪水已经下降了 1.5%，2004 年下降了 1.1%。（奥地利从 1998 年后下降了 2%，瑞士自 1995 年后上升了 4%。）

当欧盟成员国的政府首脑承诺要将欧洲“在 2010 年前发展成为世界上最具竞争力和活力的知识经济实体”而又拿不出任何改革措施的时候，他们就已经为欧盟的衰落埋下了伏笔。

障碍

1. **高税收和大政府**。欧盟政府占用了国民收入的45%，中国只有11%，大部分其他亚洲国家为20%，美国不到30%。

2. **创新精神的缺乏**。欧盟用来研发的资金只占到国民收入的1.9%，而在美国这一数字为2.6%。美国每百万人中科学家与和工程师的比例是欧盟的两倍，而且从欧洲到美国的科技人才流失还在继续。

3. **生产率的低增长**。过去5年中，欧盟商业领域的年生产率增长仅为0.6%，美国是它的4倍，而中国又是美国的4倍。

4. **严格的劳工法律**。在寻求全球经济霸权的过程中，这一最大障碍来自欧盟本身。只有政治上的切实措施才能改变这一状况。

5. **下降的出口市场份额和越来越多的保护性措施**。价值观不变，竞争结果就不会变。2006年春，法国宣布11个政府对外国合并有否决权的工业领域。欧盟的出口份额已经从1980年的51%下降到了现在的42%；在高科技产品方面，欧盟所占的份额也从36%下降到了29%。

如果欧洲想把自己看作美国的竞争对手，它就必须要了解对方：

- 美国的创新基础设施，以及所包含的科学和技术资产，在全世界处于领先地位。美国花在研发上的资金比法国、德国、意大利、日本、加拿大和英国的总和还要多。美国的研究人员比其他任何一个国家的都要多，而且在专利方面也是遥遥领先于其他国家。在世界上排名前 20 位的研究型大学中，美国占了 17 个席位，英国有两个，日本有一个。

- 美国吸引的外商直接投资仍然是最多的，达到 1.6 万亿美元，是排在第二位的英国的两倍，是中国的 6 倍还要多。
- 美国的工业制品仍然是世界上所占份额最大的，占到了 22.4%，比 2005 年取代日本上升到第二位的中国要高 50%。它在高科技所带来的生产附加值方面的优势更加明显，占到全球的 35%。（许多年来，美国制造业的 GDP 都保持了大约 23% 的持续增长，而这一领域的工人数量每年都在减少，这都是因为科技发展和其他方面的改善大大提高了生产率。人们经常能够听到或者看到类似“美国的制造业正在走下坡路”之类的评价，其实这是不对的。“美国制造业工人的数量继续下降”才是正确的。）
- 也许美国对欧洲的最大优势就在于为企业创造了一个良好的环境。在这方面，美国也是走在世界的前列，特别是它能够促进带动整个产业的高增长企业的出现。企业的创立和破产是就业、生产率增长和创新的重要驱动器。比如，从 1980 年到 2000 年，美国就业岗位的增长都是由新公司（成立 5 年之内）提供的。事实上，成熟公司（成立 5 年以上）的工作岗位在这一时期减少了，而且这一状况还在继续。
- 美国的劳动力市场非常灵活，而且越来越呈现出多元化。它接纳女性、移民和其他人种的速度是大多数其他国家所比不上的。

欧盟在成立初期强调的是“开放”，是在各个国家之间实现无障碍的贸易和商业。我们都知道，使国家或地区获得竞争力的是自由经济、多样性和竞争。但是近年来，它们的重点从“开放”转移到了“一致性”。把公司税统一到最高的水平，把劳工法律统一到最没有竞争性的程度，把移民政策统一到最严格的程度。总之，把所有欧盟成员国统一起来团结地实现经济衰落。

决定欧洲未来的是欧洲人和他们的政策。如果有人问我欧洲的未来是什么样子，那我会回答，这完全取决于欧洲人。如果要问我的观点，那就是，只在口头上谈论经济改革的欧洲还会继续坚持自己的社会模式，而且还会继续制定出更多的“一致性”政策。也就是说，欧洲所选择的道路是“双重保证的衰落”。

最近，阻碍欧洲经济改革的最糟糕的思想就是，即使没有经济改革，欧洲经济也会蓬勃发展。就像我们在2006年所看到的那样，一些欧洲公司的出色表现会不时地把自己所在国家的经济增长提高一个或者两个百分点，但这都是暂时性的。而欧洲媒体总是会把这看作与美国竞争的资本。比如，2%的经济增长总是会被欧洲媒体描述成“强劲”，当然，前提是这是出现在欧洲，而美国2%的经济增长则会被说成“低迷”，从而成为改革反对者们的证据。媒体总是把竞争看作有赢必有输的游戏。其他地区的经济增长经常会被看作美国竞争力的下降。其实，在迅速发展的世界经济中，所有国家都可以是赢家。

由于没有进行经济改革，所有小的进步都不可能持久。但是，那些不愿意进行改革的人们总是把这些暂时的进步当作反对改革的理由。我在欧洲居住的 7 年经验告诉我，这种暂时性的发展都只能持续很短时间。就像德国总理默克尔在 2007 年新年致辞中所说的那样："如果我们因为现在的成功而沾沾自喜，那么经济复兴，就像过去的无数次那样，只会成为昙花一现。"

所应用的思维模式

思维模式3　要认真把握媒体统计数据：双重保证的衰落，这样的评价对欧洲的经济来说太重了吗？如果你应用了思维模式3“要认真把握媒体统计数据”的话你就不会这么认为了，就像我过去7年在欧洲居住的时候所做的那样。它们的政治许诺和经济表现之间存在巨大的脱节。虽然几乎所有国家都是如此，但是欧盟和它的成员国在不作为和拖沓方面可以说是第一名。除非欧洲出现真正有力的领导者，否则它还会沿着这一趋势继续下降。

思维模式4　勇于追求，错又何妨：它的对立面就是誓死坚持自己观点的正确性。政治就是证明自己的正确和别人的错误，虽然这也不是欧洲特有的现象，但是政府对于经济的控制越强，它就越想证明自己的正确性。

思维模式9　成功靠的不是解决问题，而是利用机会：简单点儿说，欧洲政坛里都是问题解决者。因为它们有太多的官僚制度，因此留给机遇寻找者的余地就非常少。更为糟糕的是，利用低税收和良好的商业环境来吸引企业的欧盟新成员，如斯洛伐克和斯洛文尼亚，受到了其他成员国的威胁，就要求它们降到与大家相同的水平。但是没有活跃、赢利的企业，国家经济肯定是要停滞不前的。

第十四章

中国：外围就是中心

许多人都担心中国会分裂。中国的确在分裂，但并非人们所担心的政治上的分裂，它的全球化和分散化程度比世界上任何其他国家都要高，这是保证中国可持续发展的必经之路，也使得她的各个组成部分——省、市和地区更加高效、强大。外围就是中心。

1979年邓小平访问美国的时候，参观了福特公司位于亚特兰大市郊的一家汽车工厂，当年这里一个月生产的汽车总量比整个中国一年的生产量还要高。在美国访问期间，邓小平曾经说："在中国，我们面临着改变落后面貌、快速赶超世界发达国家的任务。我们想要向你们学习。"他说希望能在21年后的2000年把中国发展成为一个工业强国。1979年，中国的汽车制造量只有13 000辆。在邓小平访美25年后的2004年，中国已经有了120家汽车制造商，年产汽车500万辆。

1978年，邓小平开始了农业改革，并在第二年访问美国，庆祝两国关系正常化，并且宣布中国的对外开放。我记得自己在那期间参加过在华盛顿为他举行的一次招待会，和许多人一样，我吃惊地发现拥有雄图壮志的他竟然是个身材十分矮小的人。

我首次接触中国是在40年前。当时我住在泰国，帮助他们发展农业。与我合作的一位经理邀请我去了中国台湾。台湾当时正处于工业化的起步阶段，但是给我留下深刻印象的是他们的农业改革措施，我就是去那里了解他们的农业改革的。写到这里，我想起1967年我们在台中吃过的一顿饭。那家餐馆是我的朋友特意为我们挑选的，但是即使台湾现在最普通的餐馆里的食物也要比那里的好吃得多，卫生条件就更不用提了。作为席间娱乐，一个好像刚刚从电影《成吉思汗》里走出来的表情冷酷的大汉出现在我们的桌前，开始了他的喷火表演。就在这家餐馆隔壁，几百个近乎全裸的工人正在为一栋大楼挖地基。土都是工人们用铁铲挖出来，然后放在篮子里用肩膀扛走的。台湾的一切似乎都处于一种不可思议的原始状态。

现在，我越是回想对中国的记忆，就越能意识到那里发生了怎样翻天覆地的变化。我每年都要去中国三四次，每次我都会为那里的变化感到吃惊。

在历史的车轮下

尼克松总统于1972年开始了与中国的外交正常化，不久之后，我就得到了访问大陆的第一次机会。这次访问并不随意，每一次参观都在政府部门的控制之下，他们不允许我们随处乱走。在我的记忆中，当时的中国是缺乏色彩的：破旧的房子，晾在窗外的灰色衣服，满街的人们都穿着中山装。我从来就没有踏上过一架中国飞机，从它的一个城市飞向另一个城市。于是，像许多人一样，我只能从香港往返于内地城市，那里是我探索大陆的基地。

1976 年毛泽东去世之后，邓小平成为新的领导人。他在中国进行了大刀阔斧的经济改革，把引入市场经济体制作为改革的目标。他的一句名言“不管黄猫黑猫，只要抓住老鼠就是好猫”成为改革的指南。

20 世纪 80 年代，邓小平开始在几个城市建立经济特区。从当初原始的状态到今天超级现代化的上海的转变真是一个现代神话。邓小平这个中国经济改革的先锋也肯定将名垂千古。

有中国特色的社会主义

现在，私有经济已经成为中国经济中最活跃的部分，它们的年增长率达到了 20%，是整体增长水平的两倍多。出现不久的企业家阶层正在推动着中国的现代化。

法国超市家乐福于 1995 年进入中国市场，现在已经成为中国的第二大连锁超市。到 2006 年初，它在中国的门店已经达到 70 个，并且还在以每年 15 个的速度增长。它是直接与地方政府达成协议的。

从 1967 年第一次到中国开始，我目睹了中国这些年来发生的变化。我在那里的熟人大部分都是领导干部和企业家。我也在中国的许多大学里做过演讲，接触过那里的学生，除此之外，我还是南京大学的客座教授。这么多年来，我也接触过许多国务院领导，其中就包括前国家主席江泽民。

我是在 1998 年《亚洲大趋势》中文版出版后不久与江泽民见面的。一次，我在北京逗留期间被告知，国家主席想见我。我很高兴地同意了。我们是在中南海见面的。他还告诉我，毛泽东原来也是在那间房间接见客人的。

在两个小时的私人会面中，我了解了许多关于中国和他本人的情况。谈到经济增长，他问我认为中国最大的问题是什么。我不大愿意评价中国的形势，但是他很想知道我的看法。于是我说："我想如何使中国的大型国企在保持效率的同时又不会导致太多的失业是一个大问题。"我们两个都觉得这是一个很难达到的平衡。

江泽民接着说："我们现在都在说抓大放小。"我立刻回答说："我希望我就是那'小'中的一员！"

我记忆最深的是我们谈话的第二个小时，那完全是一个私人谈话，我们谈了自己的成长经历——我们都是在农场中长大，还有我们的教育背景。他告诉我说在"文革"期间，他还是上海一家汽车装配线上的一名工人。我们的谈话都是用英语进行的，那时西方还没有人知道他会说英语。更让我吃惊的是，他还满怀深情地背诵了林肯总统在葛底斯堡的演说。大家都知道，它是这样结尾的：

“……我们要使这个国家在上帝的庇佑下，获得自由的新生——我们要使这个民有、民治、民享的政府不至于从地球上消失。”

中国的位置在何方

中国已经成为“世界工厂”，许多人们都担心这条巨龙会得意扬扬地吞噬掉我们的工厂。满天之下无新事。让我们回顾一下历史，在工业革命时代，世界工厂是英国，后来是美国，在20世纪的最后二十几年变成了日本和韩国，现在是中国。

但是，中国不会仅仅是产品比所有其他国家都要多的世界工厂。我们会发现中国也在发展、创新。它占据了世界服装生产的半壁江山，2004年服装出口额达到了950亿美元。现在大约有25 000名服装设计师在中国工作，特别是上海。许多人认为几年之后它就可以与时尚之都米兰和纽约相抗衡了。因此，除了世界工厂之外，中国还会发展成为世界的设计中心之一。今天，我们把“昨天”的工作机会出口到中国；明天，中国会把部分下一代的新产品出口给我们。

中国的现实中隐藏着什么

请记住，当我们想要预测未来时，一定要“关注比赛结果”。但是，想要观察中国经济的“比赛结果”并不容易。关于中国经济增长的大肆宣传已经过度夸张了它的增长速度，许多人甚至开始预测中国经济将在何时超越美国。

想要看清中国现在的位置以及预测中国未来 10 年的发展，你都必须要在全球范围内考虑它的经济增长。中国公布的 2004 年人均 GDP 仍然位于世界 100 名之后。中国的经济基数相对美国来说要小很多，而且美国的经济发展并不会停滞。即使按照现在的发展水平，中国也至少需要 30—40 年的时间才能赶上美国的生活水平。你可能还记得，“期望往往来得比较慢”，而且有些期望可能根本就不会实现。

专栏作家本 · 斯坦（Ben Stein）在谈到中国赶超论的时候，提到了 20 世纪 50 年代的苏联：

> 它让我想起 1957 年当苏联发射人造地球卫星之后，各媒体和中央情报局变得如何歇斯底里。甚至有人预测说苏联将很快成为世界技术和经济霸主。这些议论都是建立在错误的假设之上的，完全是无稽之谈。现在这些预言都没有实现。

原来，人们担心苏联将会统治世界，现在又换成了中国。导致这种错误论断的原因之一就是直线推断。

2005 年 12 月 20 日，中国宣布自己的经济规模比原来预测的还要大，这更加坚定了一些人“中国赶超论”的想法。新公布的数字显示，中国已经超过了法国、意大利和英国，成为继美国、日本和德国之后的世界第四经济大国。

高盛集团香港公司的经济学家梁红评论说："我们现在对中国经济有了新的印象。它的规模不是有点大，而是非常大。"

经过300万核算师和监督员一年的全国经济普查之后，中国发现2004年还存在2 800亿美元的隐性经济产值，从而修正了之前的经济规模数据。这样中国2004年的GDP就上升到了两万亿美元，而美国同期的GDP超过了12万亿美元。很明显，这2 800亿美元来自服务行业和中小企业的增长。（就像前国家主席江泽民说的那样："抓大放小。"）

中国经济地位的提升还表明，它对于制造业和出口的依赖性并没有人们普遍认为的那么强，这对一些外国制造商来说是一个好消息。中国的经济增长率保持在了惊人的10%，过去30年来一直如此。也就是说，每7年半中国的经济规模就会翻一番。

梁红说，这一公告"最重要的含义"就是"中国是否存在一些结构问题或者致命的疾病，或者说X光检测出了问题"？她说："在过去的几年中，许多著名经济学家都在讲投资与GDP的高比例是一个非常严重的问题。现在看来出问题的是X光机器，而不是病人。"

现在争夺经济霸权的并不是美国和中国，而是eBay和马云——阿里巴巴和淘宝的创始人。eBay总裁梅格·惠特曼（Meg Whitman）把中国看作eBay全球化的必争市场，因此她必须过马云这一关。

马云的淘宝和eBay争夺中国市场的竞争异常激烈。马云说：

“eBay 可能是大海里的鲨鱼，但我是长江里的扬子鳄。如果我们在海洋里争斗，我会输；但是如果是在河里，那我就能赢。”易观国际曾评论说，阿里巴巴的淘宝网正在引领中国顾客到顾客（C2C）的直接交易，它的客户很有希望在 2006 年超过 eBay。

淘宝网在中国的网上拍卖销售中占到了 40% 的份额，eBay 则占 53%。在员工集会中，淘宝网的员工都挥舞着印有自己的标志——工蚁的旗帜。工蚁的寓意是尽管体积小，但是团结起来就可以打败大象。（2005 年，惠特曼购买了淘宝网的部分股份——如果你不能打败它，就加入它吧。）

马云的成长与教育背景使他能够毫不费力地把东西方商业结合起来。他出生在上海附近的历史名城杭州，成长于中国经济开始起步的 20 世纪 80 年代。由于非常希望学习英语并且提高自己的英语水平，他曾为参观杭州的外宾做过免费导游。马云毕业于杭州师范学院，1988 年获得了英语专业学士学位。后来曾经在杭州电子工程学院教过几年英语与国际贸易。拥有一位像马云这样的合伙人对任何想要中国树立自己品牌的公司来说都是一个巨大的优势，因为它们必须要跨越语言这一关。

外围就是中心

当西方人觉得受到中国的严峻挑战时，他们不知道的是中国国内的竞争更加激烈。

第十四章
中国：外围就是中心

大家讨论的几乎都是中国制造业的进步，但是低估了中国城市的发展，而且除非你亲眼看到，否则很难相信这些城市正在进行的伟大复兴。旧的市中心被拆除，数百万人被重新安置在新的建筑中，这一切都在慢慢塑造着21世纪的中国。

中国有166个城市的人口都超过了100万，而日本有12个，美国有9个，英国只有一个。中国有许多人口超过600万、700万，甚至800万的城市，我们连名字都没有听说过。快速的城市化进程也使数千万的农村人口脱离了贫困线。

2002年，我担任董事会成员的一家台湾公司老总弗雷德·李（Fred Li）带我们去参加一个与某个城市当地政府进行的会议。我是因为那个著名的啤酒品牌才知道这座城市叫青岛。这个名字后面是700万人口和令人震惊的经济增长速度：比前一年高出32%。就像弗雷德过去常常跟我们说的那样，青岛的确是中国最美丽的城市之一。我们住在一家崭新的五星级酒店，旁边一个类似迪斯尼乐园刚刚开业。穿过现代化的公路，就在黄海边，豪华海滨别墅刚刚完工，正等着富有的当地人购买或租赁。

几乎所有类似的城市都变成了大的建筑工地。每个城市都想发展成为国际大都市。它们都在建造自己的国际机场。西方媒体关注的主要是三个最大的城市：北京、上海和广州。但是在中国，就像中国人所说的那样，雨后春笋般涌现出了许多新的现代化城市。

城市复兴潮流的领导者之一就是北方的老工业城市，哈尔滨。2005年，哈尔滨因为上游320公里处一家化工厂爆炸污染了水源而引起了媒体的密切关注，但这并没有延缓这个中国最伟大的城市规划。哈尔滨正在松花江对面建造一座可容纳900万人口的新城。

松北新城将会成为占地738平方公里的办公楼、高层住宅、豪华别墅、五星酒店、购物娱乐中心、贸易区和工业园区的聚集地。它的规模几乎和纽约城一样大。

在距上海两小时车程的南京也在建造占地95平方公里的新城。其他城市也是如此，比如宁波、扬州和南充。郑州在规划一座150平方公里的新城，北方的长春也正在把自己的商业区搬往新的市中心。

这些未来派新城区的典范应该是上海浦东，过去的10年里，有200多座摩天大楼在这里拔地而起。为了建造2010年世界博览会的场馆，上海现在正在清理5.26平方公里的河滨区域，重新安置50 000居民和270家工厂，其中就包括中国最大的造船厂。

二线城市（比上海、北京和广州略小的城市）之间的竞争十分激烈。随着全球化和分散化进程，这些城市也获得了更多的自主权利。中国有句俗语，“强龙不压地头蛇”。在现在的中国，用“外围就是中心”来形容它再贴切不过了。

这些迈向现代化的匆忙脚步，使得许多人在预测未来时“脱离队伍”，甚至有人预测，中国在明天早晨就会成为世界经济霸主。但是，过度超前的预测只会使你丧失正确的判断力。请一定要记住这一点！如果想要搞清楚中国的现状并且预测它的未来，你必须要自己研究中国这个拼图的每一个单片，并把它们拼成一幅完整的画面。

品牌的中文名称也很重要

中国境内各个地区都有自己的口语方言，而且有些差别很大，甚至两个地区的人们根本听不懂对方的方言。现行的分类方式把地方方言大致分为6—12个主要种类。使用最多的前三名依次是普通话、吴语和广东话。

中国汉字的拼写是和语音无关的。尽管如此，各种方言的拼写方法也并不完全相同。各种方言都有自己的词汇。尽管各种方言中的书面词汇是一致的，但是它们通常都有自己的俗语表达。非正式书面文字中经常会出现其他地方人群不明白的方言表达，或者在普通话中已经被废弃的汉字，这对于西方翻译者来说简直就是一场噩梦。于是，一些公司广告语的翻译便闹出了笑话，比如美国运通公司的广告语“没有运通卡不要出门”被翻译成“和它一起待在家里”；美国第二大汉堡连锁店汉堡王的“吃出自己”被翻译成“放弃过时的理想”；米花糖的“噼啪噼啪砰”被翻译成“打断、压碎和爆炸”；雪碧的“服从你的渴望”被翻译成“你必须喝下它，这是命令”。

尽管我相信通用设计语言的存在，但是把品牌推向中国的确是一种挑战。尽管我的思维相当积极、乐观，我仍然这样认为。几年前在加利福尼亚的一次聚会上，向大家介绍我的那个人这样说：“约翰非常乐观，对他来说圣安德烈亚斯断层意味着圣安德烈亚斯机遇。”尽管中国为我们提供了许多机遇，它的语言对我们来说却隐含着“圣安德烈亚斯断层”。

而且，人们很容易掉进这些语言陷阱。美国商会的中国网站就刊登了贝克·麦肯思律师事务所的一篇文章，里面讲述了可口可乐在这方面的经历。

> 可口可乐公司选择自己中国商标的故事已经被重复过好多次了。但是，这里我们还是要讲一下这个故事，因为这是一个音译与意译结合的完美例子。据前任可口可乐公司中国区法律顾问奥尔曼先生（H. F. Allman）介绍，在公司进行全面市场营销之前，他们发现许多商店招牌上的中文名字与“可口可乐”的英文发音相去甚远，意思也毫不相干。其中一个临时招牌的翻译竟然是“被蜡封上的母马”，另外一个劝告顾客去“咬蜡蝌蚪”。他们最终定下来了“可口可乐”的名字。它在普通话中的发音与英语发音非常相似，而且意思也很积极：“让你的嘴巴高兴起来。”顺便说一下，Pepsi-Cola 的中文名字“百事可乐”就是“事事开心”的意思。

在 1995 年出版的《亚洲大趋势》一书中，我曾经提到，在中国开公司必须要有一名中国合伙人。这样才能把商标的意思和其中所包含的情感按照你的意愿翻译成中文，这对于企业的生存来说是必不可少的。在这方面不要考虑省钱。比如，可口可乐就聘请了为数不多的在香港接受教育的杰出设计师陈幼坚（Alan Chan）来艺术化自己产品的中文商标。2003 年 2 月，第一个可口可乐中文商标在它 1979 年进入中国后诞生了。

尽管存在这么多的问题，但许多公司对中国市场的深入是超出许多人的想象的。比如，百事可乐现在已经成为最大的私营薯片生产商，你知道吗？百事可乐的初衷是为自己在中国的薯片生产提供高质量的马铃薯。他们对市场上的马铃薯都不满意。他们理想的马铃薯应该有完美的外形，最好像棒球那么大，那么圆，要在特定季节收获以便供应需求，而且收获之后要像对待鸡蛋那样小心运输。这样苛刻的要求，是中国传统农业和运输业所很难达到的。

多年来，麦当劳也在与供货商合作来提高原材料的质量，但是像百事这样在内蒙古和广西的北海租用土地来自己生产是一种全新的做法。百事公司的零食业务负责人鲍勃（Bob Shi）表示："百事公司不是个农业公司，但是为了建立市场，我们必须迈出这一步。"

百事公司已经决定在全球大力发展零食业，而不是与可口可乐公司在软饮料上进行面对面的竞争。但是你可能不知道，在上海最繁华的商业街——3.2 公里长的南京路上，百事可乐的广告牌至少是可口可乐的 4 倍。

准备腾飞的巨龙

多年前，当我的《大趋势》在中国出版的时候，我应邀去上海大学做了一次演讲。我记得自己在那里受到了热烈欢迎。当我走过一条走廊时，两边的学生都在有节奏地拍手欢迎，这是我在美国从来没有遇到过的。

或许我的演讲相当有感染力，因此演讲后学生的提问非常踊跃，现场气氛非常热烈。这又一次让我感受到中国学生是世界上最聪明、最有魅力的。在演讲结束之后，学生们排队请我在他们购买的《大趋势》上签名。在这次非常愉快的签名过程中，我慢慢发现他们手中的书的封面都不一样，而且只有少数几本是与出版社给我的书一样。非常明显，盗版书的数量远远超过了正版书。

当我读到乔治·阿玛尼在中国的经历时，不禁想起了自己的这次遭遇。这使我十分理解当他在上海看到22美元的冒牌阿玛尼手表时的感受。“那是一款与真正的阿玛尼一样的手表。”他说。阿玛尼手表和书的区别就在于，我并不期望通过书来赚钱，而是担心盗版图书的质量，担心它的翻译是否能够忠实于我的原文。

就像阿玛尼所说的那样：“冒牌货会给顾客造成一些混乱。但是另一方面，被仿制也是对你的一种肯定。如果你的产品被仿制，那说明它还不错。”但是当谈到中国有许多“和我没有一点关系”的乔治·阿玛尼、阿玛尼鲜花店和安普里奥·阿玛尼商店时，他就没有那么好的心情了。

可以预见的是，当中国大陆本土品牌也被仿冒时，他们肯定就会对此进行大力打击了。台湾地区就是如此。

由于人口众多等原因，中国在迈向现代化的进程中肯定会遇到许多坎坷，但是不可否认的是，它的确可以带给人们许多机会。对于当地的造假者和世界各大时尚品牌来说，中国市场都像磁石一样吸引着他们，众多顶级品牌纷纷来到这里。在中国众多发展迅速的大城市中，上海似乎是上佳之选。

对于上海，我最喜欢的地方就是黄浦江边的中山东路，也就是著名的外滩。在上海最繁华的20世纪20年代初，外滩被欧洲、美国和日本的银行、贸易公司、领事馆和酒店所占据，这种情况一直持续到1949年。

2002年，在我和妻子多丽丝去青岛前，我们先到上海与弗雷德和艾维夫妇（Ivy Li）碰面，处理了一些事务。中国朋友告诉我们说有一个地方我们一定不能错过，那就是外滩的米氏西餐厅。一位澳大利亚大厨米歇尔·加诺特（Michelle Garnaut）被外滩的活力深深吸引，因此克服重重困难租下了一家20世纪20年代的建筑的顶层和露台，开了家一流餐厅。从某种意义上来讲，她应该算是一位开拓者，因为在开业之前，很多人都警告她说上海现在还不适合开高级餐厅，但是这一论断很快被证明是错误的。2005年，在一个暖洋洋的初夏晚上，我们坐在露台上，品尝着脆皮乳猪（现在仍然是我们的最爱）和澳大利亚酒（中国的洋酒还处在比较原始的阶段）。在餐厅的6层楼下面，闪烁的红白车灯组成的车流沿着这条双向八车道的大道流动，江对面是日新月异的浦东新区，摩天大楼在黑夜中发出绚丽多彩的光。

就在米氏西餐厅征服了美食家不久之后，人们就发现上海不仅适合开高级餐厅，还适合高雅艺术和设计。我们现在去上海的时候不仅会像以前一样去米氏西餐厅用餐，还会去附近开业不久的艺术馆逛一逛，有时也在那里的三家一流餐厅中挑选一家品尝一下，再去参观阿玛尼新开业的旗舰店，那阿玛尼计划在中国开的31家新店中的第一个。

阿玛尼只是登陆上海的顶级品牌之一。其他品牌也纷纷在这里开设分店。当时最成功的当数登喜路和计划在当年再开四家新店的路易·威登，这样它在中国的分店就达到了13个。酩悦·轩尼诗—路易·威登集团（LVMH）宣布，自己在中国大陆的顾客已经成为他们的全球第四大顾客群。普拉达计划到2006年底之前在大陆再新开5家店。杰尼亚在大陆的十几个城市中也有了42家店面。几年前，我在北京购买杰尼亚套装已经和在米兰买绿茶一样平常了。

所有的名牌钟表公司也都在开拓中国市场。旗下包括卡地亚等众多品牌的瑞士历峰奢侈品集团在这方面一直非常积极，斯沃琪集团也是如此。斯沃琪集团首席执行官尼克·哈耶克（Nick Hayek）（创立者尼古拉斯·哈耶克的儿子）计划2010年前在中国再开设500—1 000家商店，并且希望年销售额能够在那时达到600万只。其中20%的商店都会开在上海。

中国当时的奢侈品市场正以每年20%—30%的速度增长，是世界增长最快的。现在奢侈品在中国仍然处于发展的初级阶段，但是很快就会有中国本土的企业进来竞争。她肯定会像日本一样，在向时装业供应几十年的纺织品后，终于发现把原材料转变成为高级时装会带来更大的附加价值。中国肯定会的。

第十四章
中国：外围就是中心

设计大师的诞生

2004 年 10 月，世界名模纳奥米·坎贝尔（Naomi Campbell）作为上海大学巴黎国际时装艺术学院“国际模特培训中心”的客座艺术顾问，在上海大学做了一次关于职业发展的演讲。模特中心的副主任沈之闻（Shen Zhiwen，音译）表示今后还将邀请其他超级模特来讲课、指导。“中国是世界上最大的服装加工和消费国，”他说，“我们国家有 50 000 多家服装公司，但只有大约 10 000 名职业模特，这之间的缺口是很大的，国际 T 台上也需要更多的亚洲模特，特别是中国模特，因为欧洲的时装公司也想打开这个巨大的市场。”

在市政府的组织下，上海第一届时装周于 2003 年 10 月开幕。上海每年春天举办一次国际时装节，秋天举办一次时装周，向赶超其他国际时尚中心迈出了重要的一步。

2004 年春，许多来自世界各地的时装爱好者、商人、模特、摄影师和记者聚集北京，参加了中国时装周的活动。这次时装周的 T 台表演为国内外的设计师们提供了大量机会来展示他们的秋冬装设计。在一年后的北京时装周上，来自 19 个国家的 33 名新设计师展示了他们以“世界的中国”为主题的设计。这次时装周还举行了第 12 届中国国际青年时装设计师大赛，为年轻设计师们提供了展示的舞台。

许多来自外国，特别是美国和欧洲的年轻设计师纷纷“空降”北京和上海，寻找在本国无法得到的机会。以美国婚礼王国而扬名的王薇薇（Vera Wang）是第一位在国际上得到高度认可的华裔设计师。“我们中国的品牌必须在布料和设计两方面努力来赢得顾客，并且尽快地打入国际市场。”她说。

王薇薇所得到的国际认可也许是她的父母怎么也没有想到的。她的祖父是蒋介石手下的一名将军，1947年，她的父亲和母亲离开大陆，到美国开始了新生活。她现在回到大陆，在上海浦东香格里拉饭店开了一家“完美婚礼”婚纱店。她设计的婚纱时尚、高贵，颜色柔和，为白色的婚礼世界带来一股清新之风。

中国人现在已经认识到了设计作为附加值对自己的意义。现在，中国已经有400多所学校提供设计课程，每年的工业设计毕业生达到10 000人，而在2000年还只有1 500名。设计已经成为中国大学生中最受欢迎的职业选择之一。设计室也如雨后春笋般涌现出来，特别是在上海、北京和广州这三个大城市。中国公司也纷纷设立自己的设计部门，壮大自己的设计队伍。

“设计是公司提高自己竞争力的手段。”海尔集团负责设计的副总裁喻子达这样说。海尔集团这个中国巨型家电企业的产品销往世界上的150个国家，而且还在2005年传出了可能收购美国家电巨头美泰克公司的消息。而那时海尔企业内部的工业设计师已经达到了120名。

美国海尔已经成立了7年，最主要的产品就是独立酒柜和小冰箱。许多美国人甚至根本没有意识到这是一家中国企业。“海尔”这个名字是在20世纪90年代海尔集团与德国进行合作后重新设计的。

现在，海尔和2005年5月收购国际商用机器公司个人电脑部门的联想是最知名的两个中国品牌。联想一直以出色的设计而闻名，最近它的设计团队的人数翻了一番。它的一款电话还获得了2006年的美国工业设计优秀奖。索尼、三星、摩托罗拉、诺基亚、通用汽车、大众和其他一些品牌为了赶上中国人的步伐，也都在中国成立了设计部。这些国际公司认为，随着中国人设计水平的提高，他们需要专门开发符合中国人思维的产品。

特意为中国市场设计的产品在其他地方未必适合。联想集团开发的一款香水手机在中国获得巨大的成功。这款手机中的香水会随着电池的加热而散发出芳香的气味。上海大众的设计师们现在就在用贴面木头来装饰车的内部，这对我们来说是十分过时的设计，而中国的购车者却喜欢这个，因为这可以使他们的车与众不同。上海大众总设计师斯蒂芬·弗里奇（Stefan Fritschi）总结说："朴素在中国是行不通的，人们希望让别人刮目相看。"这个我能理解。

布兰森的维珍航空

维珍集团的老板理查德·布兰森爵士（Richard Branson）对于中国市场有着宏大的计划："对于今天的任何一个企业来说，放弃中国市场肯定是疯了。"2006年，维珍航空公司亚太地区的老总戴维·巴可斯拜（David Baxby）把总部从悉尼迁到了上海。

2005年底，维珍航空公司将其伦敦至上海的航班改为每日一班，并很快把北京航线也改为每日一班。2006 年，该公司把伦敦至香港的航班数量翻番，增加到一日两班。2006 年初，亚洲在维珍航空公司 200 亿美元的总收入中占到了 10%。布兰森爵士计划把这一数字在 5 年内提高到 25%。

在维珍集团的各项计划中还包括在中国推出维珍移动通信服务。布兰森爵士称："我们认为我们可以在那里有所作为。如果一切顺利，那将是一个巨大的市场。"在谈到中国时，我们经常可以听到"巨大的市场"这一描述。维珍集团在中国的移动业务将采取与其在英美的业务相似的路线——维珍集团提供品牌、市场营销和市场推广技术。无论布兰森爵士是否可以在中国成功建立移动电话公司，中国消费者都将在未来几个月内看到、体验到更多的维珍品牌。

睡在维珍品牌的床上也将是指日可待的事情了。该集团计划于 2008 年之前在中国开设一系列维珍酒店和健身俱乐部，维珍品牌提神软饮料也将很快面世。

2005 年底，维珍集团的音乐零售店刚刚在上海开设了一家分店。考虑到中国的盗版问题，这真是一个大胆的举动。但是，不大胆就不是布兰森爵士了："因为（中国的）盗版问题，有些人认为我们疯了；但我的感觉是，我们需要向中国消费者提供一个出售正版音乐的店铺。"2005 年 11 月，当我们访问上海的时候，一位当地的朋友告诉我们："也许我们真的能够在上海买到正版音乐了。许多中国人都认为西方只有那几个音乐家：艾尔顿 · 约翰（Elton John）、玛丽亚 · 凯莉（Mariah Carey）、维也纳童声合唱团和帕瓦罗蒂。”由于布兰森爵士的努力，越来越多的音乐家将会被中国人所了解。

这一品牌的发展还将突破地球的界限。就在2005年圣诞前夕，布兰森爵士在美国出席了维珍银河公司（Virgin Galactic）——他计划成立的太空旅游公司发射场的揭幕仪式。

富人的崛起

中国现在有100多个资产超过5亿美元的个人。最近，美国美林证券公司估计说，中国的百万富翁大概有300 000个，但是许多人都认为这一数字“保守”，或者“过于保守”。

中国的旗帜

如果说中国正在通向寻求世界领先的道路上，那么体育行业肯定是第一个达成这个目标的。著名作家乔治·奥威尔曾经把体育运动比作“没有硝烟的战争”。随着国与国之间差异的模糊，体育爱好者们会成为体现国家特性的新标志。我们正在朝着一个伟大的观赏性体育时代进发。我们是如何断定这一情况还会持续，并且继续发展的呢？这是因为，我们发现在全球化进程中，各民族在经济上对彼此的依赖性越强，他们就越会强调自己的文化或者国家特性。中国也是如此。国家体育运动队可以使人们强烈感受到自己国家的特性，这是他们在经济上越来越依赖世界的同时所不可缺少的。

中国体育现在的表现已经不俗，所以他们在未来的奥运会上成为金牌的最大赢家，大家不应该感到奇怪。

篮球运动对于中国人来说并不陌生。1896年，詹姆斯·奈史密斯（James Naismith）在马萨诸塞州发明篮球后不久，它就由基督传教士带到了中国。它在已经拥有100多年篮球历史的中国是一项非常受欢迎的运动。在2004年奥运会上，中国队拿到了第八名。而美国在篮球方面的优势很可能会很快丧失。夏松（Xia Song），一位体育经纪人曾预测说，在10年时间内，"中国篮球可以成为世界篮坛一支很重要的力量"。

2005年，NBA比赛第一次在中国的上海举行，对决双方是萨克拉门托国王队和拥有中国外援姚明的休斯敦火箭队。姚明这位世界最高的篮球运动员已经成为联系中国和美国的重要纽带。

从1997年开始，中国拥有了14支队伍的篮球联赛。为了提高球员整体技术水平，中国篮协推出一系列改进措施，其中之一就是允许各个队伍从美国引进两名外援。球队为美国外援支付的月薪最高为30 000美元，比许多欧洲球队开出的工资还要高。

在另一端，姚明已经成为中国在美国最著名、收入最高的蓝球旗帜。现在已经有人在谈论一个新姚明篮球时代的来临了。阿伦·艾弗森（Allen Iverson）在中国的受欢迎程度和姚明在美国差不多。在我写这本书的时候，艾弗森已经成为NBA得分最高的球员。和姚明7英尺6英寸的高度相比，艾弗森6英尺1英寸的个头更加

“自然”，他已经成为大多数中国人熟悉的NBA球员。

中国各大城市都争相引进国际体育赛事，世界最大的商业体育赛事也登陆中国：2004年F1赛车首次来到中国上海。上海赛车场建设总花费3.25亿美元，共有150 000个座位，所有门票都在开赛几个月前就全部告罄。迈克尔·舒马赫称这里为“我所见过的最好的赛道”。顺便说一下，他那次的成绩并不理想，只排到第11位。观赏F1赛事并不是中国的唯一目的，中国选手现在已经在参加F3赛事，正在努力提升自己的排名。

当然，所有这一切都只是中国成为体育强国计划的一部分，而且是“上海不断努力引进高水平赛事，从而成为世界上拥有顶级赛事最多的城市的又一个体现”。中国在体育行业实现霸权的时间肯定要早于在经济行业实现霸权的时间——如果它真的能够称霸经济世界的话。

中国的汽车业

我们印象中中国的标志性画面就是一个农民坐在水牛拉的板车上，后来又变成了流动在城市中的自行车流。现在，这些画面很快都会成为历史。越来越多的人涌向城市，使得城市规模越来越大，因此徒步或者自行车都无法满足人们的交通要求。现在人们不仅需要汽车，而且由于富裕程度的提高和汽车价格的降低（最低只要3 600美元），人们也能够买得起汽车了。2005年中国的汽车出口量首次超过了进口量，成为中国迈向世界汽车大国过程中的一个重要里程碑。中国政府预计，2006 年国内轿车、货车、公共汽车和卡车的生产和销售量将会达到 640 万辆，超过德国，成为继美国和日本之后的世界第三大汽车制造国。

这的确是一个重要里程碑，但是它也只是一个开始。中国汽车的出口地一般都是中东和非洲的一些国家，而进口的大多是西方的豪华轿车。

戴姆勒—克莱斯勒汽车公司在 2005 年宣布，公司计划从中国进口小型汽车到美国。它正和合资方一起准备建立一所专门供应出口的汽车加工厂。中国的汽车生产厂家除了寻求建立合资企业外，还积极在美国和欧洲为自己的汽车寻找销路。通用汽车公司的副总裁鲍勃 · 卢茨（Bob Lutz）说，至少有一家中国本土汽车制造商能够在未来 5 年时间之内成功地把自己的汽车出口到世界各地。

我听过对中国汽车质量的最高评价来自北京现代汽车公司总经理、汽车质量专家卢载万（J. M. Noh）。他说："在质量方面，中国汽车和韩国汽车没有什么两样。"这些汽车在中国制造需要付给工人的工资只有每小时两美元甚至更低，还包括福利，这是全世界范围内最低的工资标准之一。而世界三大汽车制造国德国、日本和美国的每小时工资和福利水平分别高达 49.60 美元、40.96 美元和 36.55 美元。本田在广州的一家汽车工厂在 2006 年初开始向欧洲出口。中国奇瑞汽车公司也计划于 2007 年开始向美国出口汽车。

这种备受越来越富裕的人们欢迎的汽车增长量也产生了许多环

境方面的问题。尽管汽车制造商都希望自己的销售量能够扩大，但是他们也面临着汽车排放对大气的污染这个问题。中国和亚洲的其他国家都在抱怨西方国家在自己的汽车污染了大气之后，却想以环保的名义阻止其他国家发展汽车工业。在这方面，他们认为西方国家没有资格限制自己。几年前，我曾提出了一条解决方法：西方国家应该承诺，中国增加多少辆汽车，自己就减少多少辆。中国增加一辆，西方就减少一辆。你可以预料得到，没有多少人支持我的想法，事实上，一个也没有。所以说，西方国家在这方面根本就没有多少诚意。

旅游业

随着人们收入的提高和旅游限制的放宽，越来越多的中国人会走出国门旅游。据世界旅游组织统计，到2020年，出国旅游的人群中，中国人将会是最多的，甚至会超过美国人，达到每年11 500万。中国人的旅游障碍也在急速减少。在2004年，从大陆出发的境外游人次就已经达到了2 900万，尽管其中的75%都是前往香港和澳门的。

电影业

好莱坞已经找到自己的未来，那就是中国。沃尔特·迪士尼的影片公司正准备在中国大展宏图，其中包括把《白雪公主》改编成为一部武术片，用和尚来取代其中的小矮人。《卧虎藏龙》吸引了全球众多的目光，现在西方的电影公司正在抓住机会，想把中国建成一个重要的电影生产基地，国内和国外市场它们都不打算放过，因此中文和英文电影都在他们的计划之内。

哥伦比亚三星电影发行公司总经理周理贤表示："中国有很大的发展前景，因此许多公司都想来这里制作电影。自从2000年《卧虎藏龙》上映之后，中国的电影在国际上一直非常成功。"好莱坞现在充分意识到，中国也有能够创造国内极佳票房的世界一流导演，他们的国际票房收入也在逐渐提高。

张艺谋的两部电影《英雄》和《十面埋伏》在海外已经取得了接近两亿美元的票房收入。迄今为止最成功的华语电影——李安的《卧虎藏龙》当时是美国票房收入最高的外语片，至少有1.28亿美元的收入。而且，李安还凭借《断背山》获得了2006年奥斯卡最佳导演奖，这是中国导演执导美国电影的成功例子。而在另一方面，米拉麦克斯电影公司的《杀死比尔》(*Kill Bill*)在中国的反应却很平淡。

现在《综艺》(*Variety*)杂志中文版已经在中国开始发行，《好莱坞报告》(*Hollywood Reporter*)也在北京设立了办事处。主管乔纳森·兰德莱斯(Jonathan Landreth)说："你问我为什么会在这里？因为好莱坞其他人都来了。"

中国 vs. 印度

现在，这个世界上 2/3 的人不是中国人就是印度人。媒体不断报道说，中国和印度之间正在进行激烈的竞争，看谁能在 2100 年成为世界超级大国。但就目前来看，中国在经济增长和消除贫困等方面的各个指标都超过了印度。

只要大家想到中国，肯定就会联系到印度。但当我想起印度的时候，我总会想到巴西。许多年来，我们一直都在讨论巴西的巨大潜力和美好未来，但是到现在为止我们什么也没有看到。

当中国在 1978 年开始实行改革的时候，它比印度还要贫穷。印度最近的经济呈现出了新的活力，但是它的政治限制了进一步的经济改革。每一次我回到上海，即使是仅仅隔了一年的时间，我也会发现令我眼花缭乱的变化：旧的建筑被拆除，新的建筑很快在旧址上矗立起来，而且大多数都是摩天大楼、新开业的餐馆、酒店和商店。而当我回到德里或者孟买时，那里似乎和以前没什么两样，比如无处不在的乞丐。

印度也有这样的潜力，这样美好的未来，只是还没有到来？我们仍然在等待。印度现在的经济增长率为 7.8%。但是真正的经济改革在哪里呢？

我最近一次去印度是在 2006 年 7 月，为在孟买和新德里举行的国际商用机器公司印度“2006 年论坛”作重要发言。毫无疑问，IT 领域是印度最成功的部分，事实上它也是印度唯一非常成功的领域。人们总是把它看作印度经济复苏的标志。但是，IT 产业只是一个环节，你不可能仅仅依靠它来发展整个经济，IT 产业也是在政府管理的夹缝中求得生存的。从 20 世纪 90 年代开始的最初的经济改革已经暂停，除非有实质性的经济改革措施出台，否则整个国民经济不会有很大发展。但是从现在看来，实质性经济改革措施是基本不大可能出现的。

2004 年，印度钢铁行业宣布的合并很有启示性意义。印度最大的钢铁公司米塔尔和欧洲的阿塞勒合并成为世界最大的钢铁集团。现在，这个印度钢铁公司将成为钢铁界的老大，占到世界总产量的 10%，是位居第二的日本钢铁公司新日铁公司的三倍还要多。

印度将会拥有世界上最大的钢铁公司，而它却不在印度进行生产，因此对印度的 GDP 没有一点贡献。米塔尔阿塞勒钢铁集团只会对自己工厂所在地国家的 GDP 做贡献。而且，它的幕后老板拉克希米 · 米塔尔（Lakshmi Mittal）也居住在伦敦，而非印度。这难道不是新的经济行业世界来临的表现吗？

不同的拼图片段

印度有着完善的银行系统、150 年历史的股票市场、许多管理完善的公司和一个庞大的有着良好教育背景的中产阶层。但是近年来，它的政治制度和民族主义一直在阻碍经济改革的进行。新上任的总理曼莫汉 · 辛格（Manmohan Singh）是一位伟大的经济改革家，但是他的思想也比较受局限。

2004 年，中国吸纳了 550 亿美元的直接投资，而印度只吸纳了 53 亿美元。这种中国对印度 10 ∶ 1 的比例已经持续了接近 10 年了。

中国经济优于印度的另外一个表现就是它的基础设施。中国的高速公路总里程已经接近 321 900 公里，是印度的 10 倍，每千人拥有电话和移动电话的数量是印度的 7 倍。但是尽管如此，印度现在的基础设施也已经比过去有了很大改善。我记得自己在 20 世纪 90 年代初曾经在孟买做过一次演讲，在得知印度电话客户与接线员的比例为 12 ∶ 1 后，我的评论引起人们一阵哄笑：“这不是一个电话系统。这是一个就业工程！”

针对印度糟糕的基础设施，《经济学人》的西蒙 · 朗（Simon Long）写道：“即使在印度 IT 产业的中心班加罗尔市也经常会出现堵车、宾馆紧张、停电和机场容量不够等情况。这些问题都有可能使这座城市丧失它的优势：从世界各地来此落户的高科技公司，从而丧失成为一个新兴大都市的机会。”尽管许多报纸都在报道印度信息产业的高速发展，但它是个人电脑普及率最低的国家之一，远远低于中国。

在经济增长率方面，印度在 20 世纪 80 年代平均每年增长 5.6%，从 1991 年到 2003 年平均为 5.8%，而中国在同一时期的数字分别为 9.3% 和 9.7%。2004 年，中国还超过日本，成为继德国和美国之后的世界第三大贸易国。

人民币的汇率也是世界经济领域中的一个热门话题。而你最后一次听说有人热衷于印度卢比是什么时候呢?

朗说，也许最能说明印度与中国差距的一个数据就是它们各自国内的女性文盲率。他引用世界银行的数据说，87% 的中国成年女性都能读书识字，而在印度这一数字只有 45%。中国与印度的男性识字率分别为 91% 和 57%。

邓小平在 1979 年参观亚特兰大郊区的福特工厂时说：“我们想要向你们学习。”他和他的继任者们学习的速度都很快。现在，中国已经在向世界最大的汽车制造国迈进，也在向邓小平设想的工业强国迈进。

所应用的思维模式

思维模式 8　改变是需要时间的：我们总是急于推测，但是事情发展有着自己的速度。不要认为明天早晨中国就可以成为世界经济霸主。几千年来，中国人的思维都是按照朝代的时间顺序进行的。在现在的新时期，自由市场的新朝代中，全球化和分散化都刚刚开始，需要很多年才能完全实现。

思维模式 5　把未来看作一幅拼图：中国本身就像是一幅拼图，它的分散化是其他任何国家都没有的。仅仅通过观察它的局部——与世界进行激烈竞争的地区和城市，我们就会明白中国在未来世界中的重要地位。

思维模式 9　成功靠的不是解决问题，而是利用机会：中国已经成为一个机遇寻求国，他们认为所有问题都可以通过利用机会来解决。现在，中国作为一个国家和一个民族的竞争优势，就在于它愿意适应任何必要的以及能够给自己带来利益的变革。没有其他任何一个国家像它一样进行如此大规模的调整和适应，也很少有民族有它这样的事业心和雄心壮志。

第十五章

文化：视觉文化正在占领世界

我们将要永远告别谷登堡的印刷时代，而进入 MTV 的视觉时代吗？在当今世界中，视觉文化在从艺术和建筑到时尚和商品的设计等领域都占据了史无前例的优势。这是一个 MTV 的世界，一个视觉表达压倒了文字表达的世界。

人类书面文字的历史可以追溯到 6 000 多年以前。文字为我们记录历史、说明事实、给出建议，文字不断变化、成熟完善，文字诱惑我们，感动我们。

我所爱的，你何其美好，何其可悦，使人欢畅喜乐。你的身量好像棕树。你的两乳如同其上的果子，累累下垂。我说，我要上这棕树，抓住枝子。愿你的两乳好像葡萄累累下垂，你鼻子的气味香如苹果。你的口如上好的酒，女子说，为我的良人下咽舒畅，流入睡觉人的嘴中。

我属我的良人，他也恋慕我。我的良人，来吧，你我可以往田间去。你我可以在村庄住宿。我们早晨起来往葡萄园去，看看葡萄发芽开花没有，石榴放蕊没有。我在那里要将我的爱情给你。风茄放香，在我们的门内有各样新陈佳美的果子。我的良人，这都是我为你存留的。

上面的文字来自《圣经》，是《雅歌》（所罗门之歌）（*King Solomon's Song*）中的情诗。

众多君王与政治家，比如所罗门、恺撒、尼禄、毛泽东、切·格瓦拉、哈维尔和巴勃罗·聂鲁达等都热衷于诗歌。文字可以表达情感，打开通向未来之门，描绘出前所未有的景象，鼓励人们去冒险。比如儒勒·凡尔纳、乔治·奥威尔、海明威和梅尔维尔等人的作品就是如此。文字还可以帮助人们探询自己的灵魂，比如普鲁斯特、穆西尔和约瑟夫·康拉德的作品。在所有文化中，小说家、诗人和歌唱家都是受人尊敬的。

公元前332年，亚里士多德在《诗学》（*Poetics*）一书中写道："迄今为止最伟大的事情莫过于成为一名隐喻大师。"

需求的衰退

但是现在，文学正在慢慢衰落。电影、电视、视频和DVD正在逐步取代作家和他们的作品。这种视觉文化正在逐步占领世界，而代价就是对书面文字的侵蚀。小说，这个想象力的摇篮，虽然并没有像许多人宣称的那样完全消失，但是也正在以惊人的速度衰落。

“我对小说的生存没有信心，它几乎已经完蛋了。”2001 年诺贝尔文学奖获得者维迪亚·奈保尔爵士（Sir Vidia Naipaul）如是说，他认为小说至少在一个世纪前就已经“奄奄一息”了。

《华尔街日报》欧洲版的主编屯库·瓦拉达拉金（Tunku Varadarajan）是用一种更加乐观的观点来理解奈保尔的论断的，他认为奈保尔的论调“有点狭隘”，也许他的真正意思是说没有一个小说家的作品可以和自己相媲美。瓦拉达拉金对奈保尔的评论借用了莎士比亚戏剧《威尼斯商人》中葛莱西安诺（Graziano）的豪言：

> “我就是圣贤，
>
> 我一开口就足以让所有的狗闭嘴！”

不管是因为缺乏吸引力还是质量下降，结果都是一样的：我们的文化水平、语言技巧和交流技巧都在下降。

在视觉文化越来越占上风的今天，唯一一类还在不断发展的是绘本图书。美国最大的连锁书店巴诺书店现在已经在书店中设立了专柜来促进新的绘本图书的销售。2006 年春，我与巴诺书店负责绘本图书采购的詹姆斯·基伦（James Killen）进行了一次会谈。他负责审阅绘本图书，并且决定购买哪些绘本图书以及购买的数量。近年来，我们一直都能看到那些根据名著改编的漫画书，许多大学生也在阅读这些漫画书，而不是名著本身。但是最畅销的还是绘本图书。基伦告诉我说，绘本图书的突破出现在2003年，由克雷格·汤普森（Craig Thompson）出版的长达600页的童年回忆《毯子》（*Blankets*）把绘本图书的销售推上了一个新台阶。我问基伦他怎样概括绘本图书的发展状况，他的回答是："成指数增长。"

"绘本图书将会走向何方呢？"我不禁问道。而基伦回答："天空有多高呢？"2006年秋，关于"9·11"事件报告的绘本图书也将问世。

2004年，美国国家图书奖的小说提名部分地说明了传统小说所面临的严峻形势：获得最终提名的克里斯汀·舒特（Christine Schutt）的作品《佛罗里达》（*Florida*）销量还不到200本。这还不算，其他三名获得最佳小说提名的作家的作品销量也都在700—900本之间。而另一位作家凯特·沃尔伯特（Kate Walbert）的《我们这群人：一部小说故事集》（*Our Kind: A Novel in Stories*）的销售情况稍微好些，卖出了大约2 500本。

国家图书奖是由美国国家图书基金会评出的，这是一个非营利机构，主要靠出版商和书店的赞助，而国家图书奖就是它最重要的一项活动。但是，就像长期担任时代华纳图书公司总裁的拉里·基尔希鲍姆（Larry Kirschbaum）所说的那样："我们已经完全与文化隔绝，我们正在充当自己文化的掘墓人。"

2006年6月，图书业界宣布美国图书发行量在经历了一段时间的快速增长后，已经在2005年开始出现下滑：图书发行量已经从2004年的190 078种下降到2005年的172 000种。

相应影响

2004 年 7 月，国家艺术基金会公布了一项研究结果，主席达纳·乔伊（Dana Gioia）称它为“一项记录了全国性危机”的研究。1982—2002 年的 20 年的时间内，美国白种人、非洲裔美国人和西班牙裔美国人的阅读水平都出现了不同程度的下降，其中西班牙裔的阅读水平下降幅度最大，达到了 10%。从年龄层面上来看，年纪最小的三组下降幅度最大。成年人中最年轻的一组，也就是 18—24 岁的年龄段的人们，阅读能力的下降率比总体成人人口的下降率要高出 55%。

“文化水平应该引起美国人的关注了。随着越来越多的美国人丧失了这一能力，我们的国家也会变得无知、呆滞，还会丧失思想上的独立性。一个自由、富有创新精神的社会是不能缺少这些品质的。这一问题并不是哪个单一因素造成的，因此也没有哪个单一的方法能够解决它。但是我们并不能因此而忽略它，它必须引起人们的高度重视。”乔伊总结说。

人类文明史就是一部交流的历史。如果人们的交流方式由文字变成了视觉图像，那么我们就必须要重新学习一种新的交流语言。视觉社会中的竞争优势将会是技术和艺术两方面的培养，也就是说知识之脑和激情之心都是不可缺少的。或者说，我们既需要电脑，也需要诗人。

但是，我们如何才能确定我们正在从书面文字向视觉文化转变呢？在本书第一部分的“思维模式 2：未来就存在于现实之中”的章节里，我曾经强调过变化是由多种因素共同作用的结果。任何一种变化都不是单一因素决定的，而且也很少是直线发展的结果。如果你认为自己观察到了某种转变，那么我强烈建议你问问自己以下问题：还有其他证据能够表明这一趋势吗？还有其他因素推动事物朝同一方向发展吗？那么，我们需要考虑的问题就是，我们有足够的证据能够表明视觉文化即将取代书面文字吗？下面我将从 8 个方面详细论述推动我们向视觉社会转变的因素：

1. 报纸文化的逐渐消亡
2. 广告
3. 普通商品的高品质设计
4. 作为视觉艺术的建筑
5. 时尚、建筑和艺术
6. 音乐、视频和电影
7. 摄影角色的转变
8. 美国美术馆的民主化

1. 报纸文化的逐渐消亡

我是从 19 岁开始读《纽约时报》的，从此我就再也没有漏掉任何一期。不管我在世界的哪个角落，我都会设法订阅，尽管有时要经过长时间的延迟才能读到它。就这一点来说，我十分赞同传媒学大师马歇尔·麦克卢汉（Marshall McLuhan）的说法："阅读自己喜欢的报纸就像洗热水澡一样惬意。"对我来说，读《纽约时报》就像是洗热水澡。但是现在喜欢这种感觉的人似乎越来越少了。

2005年11月7日，《纽约时报》宣布自己的发行量下降了2.6%。当时的首席执行官珍妮特·罗宾逊（Janet L. Robinson）说："2005年的传媒市场形势严峻，我们认为明年也会如此。"和其他报纸一样，《纽约时报》也在努力与互联网竞争，努力留住自己的读者和广告。

2006年5月9日，美国报业协会宣布，在截至2006年3月的6个月时间内，美国报纸的发行量总体下跌了2.6%。在同一时间段内，星期日报纸的发行量下跌了3.1%。

事实上，所有发达国家的报纸发行量都在下降。比如说，在欧盟国家，报纸发行量在2001—2005年的5年时间内已经下降了5.26%，日本在同一时期也下降了3%。

近年来，报纸的发行量一直在下降。在20世纪60年代，每5个美国人中就有4个每天读报纸，而现在，只有一半美国人每天看报纸。《华盛顿邮报》的发行量比去年下降了三个百分点，《洛杉矶时报》（*Los Angeles Times*）的发行量更是下降了6个百分点。这种严峻的形势还在新闻业界引发了新的丑闻。2006年被曝光的有三家报纸：《芝加哥太阳时报》（*Chicago Sun-Times*）、《达拉斯新闻晨报》（*Dallas Morning News*）和《纽约日报》（*Newsday*），它们被曝光说一共有接近10万的"影子读者"。报纸的传统大幅版面现在正在逐渐向小报转变，而且还经常刊登小报的拿手好戏：色情故事。与此同时，免费报纸也逐渐在报纸发行中占领了一席之地，互联网更是在不断与报纸争夺读者。

关于这一点，有件事情我必须要坦白。当搬到维也纳之后，我十分惊讶地发现，在这个伟大、成熟的城市中竟然找不到一份《纽约时报》。因此在此后 5 年的时间里，我不得不通过邮寄来订阅这份报纸。这样订阅的成本是相当高的：它每年几乎要花掉我 5 000 美元。但是后来因为能够非常方便地在网上看到这份报纸，所以我决定每个星期只订阅一份星期天的报纸。毕竟，在网上读报纸和看真正报纸的感觉是不一样的。

发行量的下降还不是报界唯一的问题，分类广告业务量的急速下滑更是使它们的景况雪上加霜。旗下拥有《纽约邮报》（*New York Post*）和伦敦《星期日泰晤士报》（*Sunday Times*）等诸多报纸的新闻界大亨鲁珀特·默多克曾经把分类广告收入比喻成“源源不断的黄金”，而现在即使他也认为分类广告的前景不乐观。

“我所认识的 30 岁以下的人没有一个会去看报纸上的分类广告。”现在，默多克这样说。他还认为报纸的编辑策略是引起美国报纸财政问题的罪魁祸首。他说：“在纽约之外的其他城市基本上都只有一种报纸。有些办得不错，但是总体的趋势就是过度夸张、无聊以及突出精英主义，不能反映公众的整体状态。”这些报纸的销量肯定还会继续下降。而且默多克还批评了最近在英国出现的随报纸附送 DVD（数字多功能光盘）的促销手段，他认为这一做法必须停止。“我个人非常痛恨这种对 DVD 的狂热。”他说。

请记住：成功靠的不是解决问题，而是利用机会。不管送给顾客的是 DVD、咖啡机还是收音机，它们都仅仅是附属品，最重要的还是商品本身。它们都只会渐渐提高人们对赠品的期望值，而不能从根本上解决读者流失的问题。现在的报纸发行商就像是在从传统相机到数码相机的转变过程中反应迟钝的照相机厂家一样，不管照相机厂家赠送的是胶卷还是相册，都已经无法再挽回自己的颓势。

我经过再三斟酌才写下本节的标题“报纸文化的逐渐消亡”，其中比较关键的两个词是“文化”和“逐渐”。我并没有说“报纸的消亡”，虽然很多报纸已经倒闭或者奄奄一息。我们所看到的是报纸文化的逐渐消亡，是报纸在我们生活中重要性的日益下降。而且，随着报纸重要性的下降，报纸文化也不再像以前那么引人注目。

2. 广告

意大利古都庞贝就有广告板，中世纪就有人用吆喝声来招揽观众，美国的零售连锁店西尔斯也在很早就有了自己的商品目录。关于广告，没有比“画意能达万言”这句俗语更能贴切地概括它的特点了。人们通常认为这句俗语来自中国谚语“百闻不如一见”。不管怎样，广告正迅速从文字转向“视觉讲述”。

“现在已经没有人根据文字介绍来购买汽车了，他们看重的都是视觉冲击。”伦敦的一位广告人鲁尼·卡拉瑟斯（Rooney Carruthers）如是说。

与宜家推出的亲切、友好的广告画面不同，露西阿诺·贝纳通（Luciano Benetton）这家意大利时装公司选择的是一条不同的道路，它的理念是，广告“不仅是沟通的一种方式，还是对时代气息的一种反映”。在20世纪80年代，贝纳通广告中越来越强的震撼性画面震惊了整个世界。这其中的很大一部分功劳都要归于奥利维罗·托斯卡尼（Olivero Toscani），一个喜欢把赤裸裸的真相甩到人们面前的激进分子。

从1984年起，他就开始独自引领公司的广告业务。这位广告界先锋颠覆了关于广告任务的所有传统理念。在他早期为贝纳通设计的作品中就出现了来自不同文化的国家的年轻人形象，他设计的多样的色彩也与世界各地消费者的不同“颜色”息息相关。通过在各种活动中玩耍的这些年轻人的形象，托斯卡尼表达了种族和谐与世界和平的主题。这也是沿用至今的商标“全色彩的贝纳通”的灵感来源。

托斯卡尼的理念是，广告应该引发人们对社会问题的关注及讨论。贝纳通的“黑与白”海报展示的是一位黑人母亲正在给一个白人婴儿哺乳的画面，它的设计是为了促进种族平等。尽管它是赢得关注与荣誉最多的一幅贝纳通海报，但是它也引发了前所未有的争议。

“圣殇”（La Pieta）是贝纳通作品中最有震撼力的一个。在画面中，一个因患艾滋病而奄奄一息的年轻人戴维·柯比（David Kirby）躺在父亲的怀里。托斯卡尼把它命名为“圣殇”，是借用米开朗基罗那座圣母怀抱耶稣尸体的雕像的名字。画面中所反映的逼真恐怖的现实以及艾滋病的普遍性使得这一作品深入人心，在人们脑海中挥之不去。也许在人们赶时间去上班的路上、去购物的途中、欢度美好时光或者因为自己的问题而烦恼不已的时候，都会在脑海中闪现出它的影像。

托斯卡尼越来越多地借用媒体和新闻中骇人听闻的事件。但是，这些画面一旦被搬上广告牌，它们所产生的影响将会更加强烈，并且还会令人十分不安。人们随时随地都可能看到这些广告，因此不得不停下来对它们所反映的问题进行思考。

2000 年以前，一直引领贝纳通广告的托斯卡尼解释说：“我们所做的一切都可以概括为推动和勇气，它们是贝纳通的灵魂。”贝纳通的这些海报超越了文化的界限，通过提出震撼人心的主题引发社会的广泛关注，很好地说明了画面可以比语言更好地完成在全世界范围内进行交流的作用。

“我在这儿并不是为了要卖外套，而是推广一种形象（从而使外套卖得更快——作者语）。”托斯卡尼曾经这样说。贝纳通的宣传语也曾说：“广告的目的并不是促进销售（我对此有些疑问——作者语），而是传达公司的价值观。我们需要一个强有力的形象，可以引起全世界的震撼。”

多项选择

人们对于非传统印刷广告的日益接受是数十年来广告市场中最重要的变化之一，它也反映了广告正在从文字到视觉影像的进一步转变。

广告形式不断推陈出新。越来越多的“厕所”广告以百分之百的准确率（嗯，已经相当高了）瞄准自己的性别顾客群。在女士卫生间镜子上的一个面霜广告就直率地写着：“这并不是灯光，却能够让你靓丽。”广告简直无处不在：餐巾、饼干、银行卡、电话卡、博物馆门票、自动扶梯的扶手、苹果或者香蕉的标签、风车的巨大叶轮、飞机跑道、学校教科书上、饭店门卡的背后、幸运饼[①]（对于幸运饼产量达到 1 700 万的纽约云吞食品公司来说真是一笔不小的财富[②]）的预言字条背面、啤酒杯的底部，甚至孩子的名字中。因此，一个大喊“百威”的人可能并不是十分想喝啤酒，而是在叫自己孩子的名字。美国最近一项民意调查显示，49% 的人都说如果冠名商愿意付 50 万美元，那么他们至少愿意考虑给孩子取名为“可口可乐”或者“卡夫”，或者其他名字，还有 21% 的人表示如果价钱合适，他们愿意接受这一提议。

说到做广告，你想到体育运动了吗？不要再只想着比赛服装

① 海外中餐馆在客人用完餐离开前向客人赠送一个叫幸运饼的东西，也就是 fortune cookie，其实就是一种酥脆的鸡蛋饼干，里面是空的，夹着写着预言吉凶祸福或格言等的小纸条。——译者注

② 英语中“幸运”与“财富”为同一个单词：fortune。——译者注

和F1赛车的车身了，已经有人在自己的皮肤上做广告了！开这一先河的是排球运动员，现在一些女子网球选手已经在身体上用临时文身的形式为厂家做广告了。也许你还能在拳击运动员背后的肌肉上看到娱乐场的名字。最近，伯纳德·霍普金斯（Bernard Hopkins）在一项冠军赛中就用墨水在背上印上了一家在线游戏网站goldenpalace.com的网址，据说他因此得到了10万美元的报酬。

但是，这些与电视节目和电影中的软广告相比只能算是小巫见大巫。在欧洲，位于布鲁塞尔的欧盟总部已经开始起草相关规定，来指导媒体应该接受或者不接受哪些软广告。

根据市场调查公司PQ Media的数据，美国电影和电视节目上所做的软广告的总值已经从1974年的1.74亿美元上升到2004年的35亿美元。PQ Media还预测说，这一数字有望在5年内上升到70亿美元。

"虚拟软广告"指的是在电视节目录制结束之后，利用电脑制图和数字编辑把产品插入进去。对此，广告客户有多种形式的选择，比如他们可以在首映电影中放入第一种饼干的广告，在电影DVD中加入第二种饼干的广告，在便携式放映机视盘中插入第三种饼干的广告。

"只要你们能够包装的东西，我们都能插入到电影或电视里去。比如药品、洗发水、外卖食品或者背包。"虚拟软广告界的巨头之一，位于印第安纳州瓦卡鲁萨市的马拉松公司的总裁戴维·布伦纳（David Brenner）如是说。

广告仍将会是娱乐产业的一个重要组成部分，现在最大的疑问就是互联网在其中将会起到什么样的作用。不过有一件事情非常清楚：广告作为20世纪的产物是这一阶段产品大规模生产的反映，但是大规模生产这一模式已经成了明日黄花。

3. 普通商品的高品质设计

全球市场日益激烈的竞争产生了许多新的问题。其中最急需回答的一个就是，既然大家所拥有的技术都差不多，那怎么样才能使自己的公司脱颖而出呢？新技术一旦被人们普遍掌握，能够区分产品的就是“高情感”，而且许多公司已经充分意识到了这一点。

伦敦设计节主席本·埃文斯（Ben Evans）曾经说：“设计和创新是发达国家的公司所能够具备的主要竞争优势之一。而且在将来，这可能是它们所能剩下的唯一优势。”哈佛大学商学院荣誉教授罗伯特·哈耶斯（Robert Hayes）也持相同观点：“15年前公司间竞争的是价格，现在是质量，将来则是设计。”

斯科特·莫里森（Scott Morrison）在《金融时报》上总结说，现在企业的目标应该是提供“外观夺目、使用方便，并且能够引发顾客积极的情感回应”的产品和服务。

斯沃琪集团总裁尼古拉斯·哈耶克的话语更加直白一些：“如果你能够把高科技和一个6岁孩子的想象力结合起来，那么你就能够创造奇迹。”哈耶克本人就是这样做的。

斯沃琪的工厂离苏黎世不远，处于大山环抱之中。它的传奇历史始于竞争残酷的20世纪70年代。当时，日本推出的数字Delirium手表抢夺了很大的市场份额，这款手表表带极细，零件实现了最简化，瑞士的钟表行业因此受到了严重威胁。哈耶克并没有通过沿袭传统的手工制作高端手表的方式来应对面临的挑战，而是在新技术中发现了机遇，并且抓住了它。他重新设计了传统手表的结构，把里面的部件从157个减少到50个，并且最终用一款只有1.89毫米厚的手表打败了日本表。这种手表是在自动程序下生产的，只需几个人控制，因此价格较低。尽管它在技术上取得了成功，但前面的道路依然崎岖不平。

它的销售情况不怎么好。哈耶克意识到，这款表虽然是高科技的产物，却没有生命力，没有诗意。因此，他为这项高科技的产品又添加了高情感的色彩和精美的设计。然后，他又以绝妙的营销手段把它推向了市场。在以高端手表为主的瑞士市场中，斯沃琪推出的是低端的限量手表。现在它每年要推出大概200款手表，其中的一些都是由著名艺术家，比如凯斯·哈林（Keith Haring）、保罗·伯里（Paul Bury）、萨姆·弗朗西斯（Sam Francis）等所设计的。

在斯沃琪网站的“总裁留言”板块，尼古拉斯·哈耶克也在宣扬“科技的两面性”：“斯沃琪集团有着非常独特的情感文化。我们制造漂亮、感性、富有情感的手表，同时我们也为你的手腕提供高科技的产品。诗意和高科技都是我们所追求的。我们真心地热爱自己的顾客。我们希望他们能够快乐——我们希望你能够快乐。”

公司的实际业务可能并没有像他们宣扬的那样无私，但斯沃琪集团的确学会了倾听时代的节拍。在一个充斥着高科技、缺乏想象力的世界中，高情感的产品设计现在已经和产品本身一样重要。设计可以为产品增添灵魂，可以使产品脱颖而出。设计就是公司的标志。

通用的设计语言?

设计已经成为世界上最强大的力量之一，它有着多种不同的表达方式。人们一直在讨论根据全球不同的市场来改变设计，在不同文化之间进行设计的“翻译”。现在人们的普遍做法就是为产品，特别是为汽车产品来设计“平台”，从而使它们适应特定的市场。但是，真正的问题可能来自最初的设计本身。比如，当美国的汽车制造商都在为不同的市场设计不同的汽车的时候，梅赛德斯却仍然坚持不做任何改变，他们坚持认为：“梅赛德斯就是梅赛德斯。”

有些产品的确具有通用的设计语言，它们似乎可以适用于所有文化。

设计大旗正沿着娱乐的旗杆升起

由于把握住了时代脉搏和人们的需求，苹果公司的 iPod（便携式多功能数字多媒体播放器）就像音乐一样传遍了全球。它已经成为世界上最成功的全球性产品。“苹果的 iPod 不需要做任何地区性调整或者考虑当地人们的喜好，”时尚杂志《GQ》的编辑迪伦·琼斯（Dylan Jones）说：“关于乔布斯先生的伟大发明，人们容易忘记的一点就是它的国际性，他制造的这台机器是真正全球性的。”

但是，伟大的设计有时也并不一定能够赢得市场，苹果公司也是如此。“的确，它看起来似乎属于现代美术馆。”几年前，苹果公司的超级电脑 G4 Cube 的一则广告上如是说。尽管 Cube 电脑外观相当漂亮，但销量并不好。后来，史蒂夫·乔布斯承认说：“这并不是设计的失误，而是概念的失误。我们以为人们会不计价格地追求电脑的小体积，但我们错了。这是一个错误的概念，虽然我们的后续工作很出色，但我们从一开始就错了。”苹果公司的 Cube 电脑后来的确进了现代美术馆，而诺基亚却依靠平实的口号“科技以人为本”进入了市场。

诺基亚的口号再简单不过了：“科技以人为本。”它的基本理念是，像其他发明一样，我们必须明白手机并不是科技现象，而是社会现象。它的任务就是联系人与人，它意味着情感的沟通。想想我们在“思维模式 11：科技，始终源于人性”中提到的：一旦每个人都拥有一部手机，那么人们和手机之间的关系就值得人们深思了。

诺基亚的首席设计师弗兰克·诺沃（Frank Nuovo）现在仍然奇怪为什么在那么长时间内手机厂商都没有在设计方面进行竞争。“几乎是在 10 年之后，我们才发现有厂商虎视眈眈地盯着工业设计手机这一领域。后来它们的确奋起直追，并且推出了一些相当不错的设计。这样也不错，这对我们不仅是挑战，也是促进。”

诺沃 25%—30% 的时间都是在旅途中度过的，他把诺基亚“用适用全球的手机设计超越文化界限”的能力归结于设计师的多样化组成。他说自己感到非常自豪，因为自己的设计队伍中有来自30个国家的设计师，这样他们就能够吸收来自全世界不同种族的灵感，从而使产品能够在所有市场中获得成功。

比如，诺基亚的豪华手机Vertu（威图）的设计就是这样。Vertu就像是名表一样，是用贵重材料，如蓝宝石、真皮、不锈钢和稀有金属，打造而成，起价为3 850美元。Vertu MM Ⅱ Stainless并不是最高端的一款产品，它的标准配置就要7 200美元。你还想要买一个你喜欢的键盘？上面配上黄金的按键？那么你还要额外付1 200美元。其实，它并没有先进的功能。它的特别之处就在于它出色的机身和贵重的材料，再无其他，但它的确满足了部分人的自尊心。

在圣达菲召开的一次会议上，作家兼哈佛大学营销学教授吉姆·泰勒（Jim Taylor）向我们演示了视觉诱惑的力量。他从自己口袋里拿出两支笔，一支是万宝龙的经典之作，另外一支是普通笔。然后他跳下讲台，请观众席上的一个人用这两支笔随便写了几个字。很显然，它们之间并没有明显的区别。“那么，”他边在我们面前晃动那张纸边问，“为什么人们还愿意花1 500美元买和1美元一支的笔写出来的字没什么区别的万宝龙呢？”

我想，这是因为在经过了多年的辛苦写作之后，用一支1美元的笔签名，感觉就像是在用塑料餐盘享用饕餮盛宴一样辜负了盘中美食。

宜家、斯沃琪、万宝龙、苹果和诺基亚只是许多在世界范围内设计取得成功的公司中的几个，它们的设计都不需要根据不同文化进行调整。但是它们和其他一些设计重于功能的产品不同，这些公司都是把功能放在第一位。就像诺沃所说的那样："我们一直是先考虑功能，再考虑形式。"

亚洲人、欧洲人和美国人都同样具有思想和灵魂、理智和情感。能在功能和设计上达到平衡的产品正满足了人们这两方面的需要。

4. 作为视觉艺术的建筑

你是否注意过有多少著名建筑设计师涉足店铺设计呢？在过去的几十年中，知名建筑师一直不肯屈尊去设计时装店或者普通购物商场。

而现在，建筑也是一门视觉艺术这一观念已经被越来越多的人所接受。国际著名的建筑师，比如弗兰克·格里（Frank Gehry）、雷姆·库哈斯（Rem Koolhaas）、圣地亚哥·卡拉特拉瓦（Santiago Calatrava）、丹尼尔·里伯斯金（Daniel Libeskind）、诺曼·福斯特（Norman Foster）、理查德·迈耶（Richard Meier）、扎哈·哈迪德（Zaha Hadid）在公众中的知名程度已经可以与艺术大师如格哈特·里希特（Gerhard Richter）、达米恩·赫斯特（Damien Hirst）、赛·托姆布雷（Cy Twombly）、戴维·霍克尼（David Hockney）、理查德·塞拉（Richard Serra）、罗伯特·劳申伯格（Robert Rauschenberg）等相媲美。

2004年，世界最重要的建筑展览会之一——第九届威尼斯建筑双年展被命名为“蜕变”。博览会的主席库特·福斯特（Kurt Forster）之所以选择这个名字，是因为它反映了建筑的新面貌：“这种变化的深度和广度如此之大，以至预示了建筑界一个新时代的来临。”第十届国际建筑博览会也于2006年9月10日到11月19日在威尼斯开幕，主题为“城市、建筑与社会”。

我们最好能够意识到这一点，因为连美国联邦政府都已经开始行动了。理查德·迈耶所设计的位于长岛的美国法院和联邦大厦都是很好的例子，它们都说明美国政府在寻找并且聘请最优秀的建筑人才，而不再像以往一样聘请那些和政界关系好的建筑师。建筑和它的商业价值的理念变化过程中的里程碑无疑是弗兰克·格里所设计的位于毕尔巴鄂市的古根海姆博物馆。

引领潮流

在几年前一个阳光灿烂的春日早晨，我和妻子从马德里飞往位于西班牙北部巴斯克地区的毕尔巴鄂市。我们去那里的唯一目的，就是参观古根海姆博物馆，它是毕尔巴鄂市促进经济发展的重头戏，其他项目还包括机场的改造和地铁系统的动工。另外还有由诺曼·福斯特爵士指导，圣地亚哥·卡拉特拉瓦建造的跨越诺温河的Uribitarte人行桥，以及由西萨·佩里（Cesar Pelli）设计的2/3的区域为公园和开放区域的文化商业滨水区。

一位司机开车把我们从繁忙的小机场送到了市区。在路上，他告诉我们，自己的生意有了多么大的好转，巴斯克地区如何重现了生机，这里的每个人的日子都好过起来，而这一切都是拜古根海姆博物馆所赐。当我们终于看到这座建筑的时候，它由钛金属形成的波浪曲线正在反射着灿烂的阳光，呈现出金色和米色，周围的普通建筑映衬着它光彩夺目的外观。因为在来这里之前听到过太多关于它的溢美之词，我本以为自己看到它时会有一点点失望。但当亲眼看到它后，它所展现的力量和优雅使我立刻明白了为什么这个从远处看起来像是一个巨大的丝带线圈的标志性建筑物会把这座城市变成一个胜地，把建筑的视觉美提升到一个新的高度。

这一奇迹是建立在开放的心态以及相信伟大的建筑可以突破任何文化障碍的理念基础之上的。毕尔巴鄂市在面临不断缩减的人口和日益衰退的工业等问题时所采取的办法就是“寻找机遇，而非解决问题”。这样的做法是有很大风险的，但最后它取得了巨大的成功。毕尔巴鄂市也开创了以伟大建筑促进当地经济发展的先河。建造古根海姆博物馆的主要材料钛，由于原子弹的停产，已经下降到一个合适的价格，可以用作建筑材料了。如果没有计算机，就没有办法完成对设计的动力学计算，也就无法完成对博物馆实际建筑的详细说明。

当我站在那里欣赏古根海姆博物馆时，脑海中并没有任何上述想法。我变成了一个愿意再次前来觐见的朝圣者，这种纯粹而华丽的视觉享受彻底改变了我对建筑的理解。

70多年前，由威廉·范·阿伦（William van Alen）在1930年所设计的纽约克莱斯勒大厦和由密斯·范·德·罗（Mies van der Rohe）在1954年所设计的西格拉姆大厦为高层建筑定下了优雅、简约和明净的设计标准。设计出色、与众不同的建筑已经成为博物馆和公司的重要招牌。由于建筑师的出色作品，"建筑作为一门艺术"这一理念已经被越来越多的人所接受。被戏称为"色情小黄瓜"的瑞士再保险大厦从外观上看起来就像是一个闪闪发光的玻璃松球一样。这座位于伦敦的建筑赢得了众多赞誉，也使瑞士再保险公司成为被伦敦人和游客所熟知的品牌。这种广告效益是仅仅靠在建筑上树起的公司招牌来博名气所不能比拟的。

通过设计寻找定位

当纽约现代美术馆开始准备一场关于世界建筑和公共场所的展览时，相关人员首先来到了西班牙。结果，主管建筑和设计的馆长特伦斯·赖利（Terence Riley）被西班牙的建筑和富有变化的人造景观深深吸引，因此他决定把展览的内容从全球建筑缩小为引领全球建筑设计潮流的西班牙建筑。西班牙建筑复兴是从1997年弗兰克·格里所设计的古根海姆博物馆的开业而开始的。赖利说，古根海姆博物馆给毕尔巴鄂市带来的转机使得其他城市都在思考："为什么我们没有想到呢？"

"各个城市的市长们都受到了鼓舞，冒险也成了一种风气，"赖利评论说，“在后格里时代，大家都在尽力发展西班牙的文化旅游。”毫无疑问，西班牙正在进行一场建筑的复兴，为其他国家展示着一场视觉盛宴。弗兰克·格里的古根海姆博物馆就是一个未来文化隐含于现实之中的很好的例子。

在经历了几十年的法西斯统治之后，民主思想的觉醒促进着西班牙的发展。就像赖利指出的那样，佛朗哥统治（1939—1975 年）之前，“在 18、19 世纪，西班牙一直抵制革新。它成为一个反对现代化的国家，专制而且守旧”。现在西班牙各个城市的努力“是一种非常严肃的尝试，目的是要缩小它们与欧洲其他国家的距离”。现在，西班牙在新建筑的形式和胆量方面已经远远超过了欧洲的其他国家。有一点可以说明西班牙建筑活动的活跃：它现在已经成为国家经济的最主要部分，甚至超过了旅游业对国民经济的贡献。大家要知道，近年来，西班牙在接待游客人数方面在世界范围内一直是数一数二的（和法国轮流坐头把交椅）。因此，西班牙建筑业的发展也就不需多言了。

尽管一些国际知名建筑师，如扎哈·哈迪德（设计了三项工程）、雅克·赫尔佐格（Jacques Herzog）和皮埃尔·德·梅隆（Pierre de Meuron，设计了 7 项工程）、让·努维尔（Jean Nouvel，设计了 5 项工程），还有雷姆·库哈斯和弗兰克·格里（设计了一家位于拉里奥哈市的新酒店）、理查德·罗杰斯（Richard Rogers）都在西班牙留下了自己的大作，但在纽约现代美术馆参展的 53 件作品中有 70% 都来自西班牙本土的建筑设计师。西班牙现在对所有新建公共建筑都实行建筑竞标，其中还有一些规定设计师的年龄不能超过40岁。现代美术馆的展览是2006年2月在纽约举行的，的确是一次视觉盛宴。

高级设计酒店

视觉社会中，设计可以成为某个地区或者产品品牌的核心价值，而向视觉社会的转变已经为大家提供了新的商业机遇，其中就包括为设计酒店带来的机遇。这对我们来说是一个好消息。我和妻子经常旅行，而且并不拒绝视觉享受。几年前，在去牛津的途中，我们决定在伦敦逗留一下。至于要住在哪家酒店是不用考虑的，我们早就听说了伊恩·施拉格旗下由菲利浦·斯塔克（Philippe Starck）设计的备受赞誉的桑德森酒店“为全球顶级旅行者打开了通向魔幻舞台”的道路。

当汽车停在大门口时，我们对它充满了期待。它的外观十分普通，隐藏在一座在20世纪50年代末曾经用作公司办公楼的大厦中。“居住在桑德森酒店就意味着一次精神游戏，”斯塔克曾经这样说，“它是我们所设计过的最完整的空间。理解它不是一件容易的事情。这是一个充满幻想——视觉幻想的酒店，充满了诗意的小把戏。你根本不理解自己眼前的东西。墙在哪里？它的风格又是什么？”

应该怎么形容我们进入酒店后的感受呢？就像是在圣诞节打开一份礼物时一样，怎么说呢？

“你必须明白在桑德森酒店中，客人本身也是演员，”伊恩·施拉格酒店的设计主任安达·安德烈（Anda Andrei）在接受《名利场》（*Vanity Fair*）杂志采访时这样说，“他们不仅进入大厅，他们也许也在审视自己在穿过大厅时是否够酷。”

前台前面木桩一样的椅子坐上去很不舒服，我们在那里等着拿房间钥匙的时候的坐姿很可能就不够酷，但是当热情的工作人员带领我们走到电梯时，一切又都改变了。我们想起了斯塔克的话：“走进电梯就像进入宇宙一样。你是在飞翔。这是一次文化漫游。”

我们在5楼离开了“宇宙”，踏着厚厚的地毯走向了我们的房间。我打开了房门。极简主义。白色、灯光、小房间，我们开始后悔，为什么没预订套房呢？当然，这是我们的失误。

“这是我见过的最精致的空间，”安德烈曾经说过，“它有点儿女性化，非常迷人。如果我住在这里，我是一刻也不会离开卧室的。”

妻子转向我说：“你不觉得这里就像是手术前的等候区吗？”她并不是十分愉快，彻底打消了通过这种高级设计酒店来提升自己的念头。在彻底明白我们真的无法享受这种“每个符号都打开了一扇通向心灵之门的精神迷雾”（仍然来自菲利浦·斯塔克）后，第二天一大早我们就搬到了附近的一家老式酒店。

过度设计有点儿类似于在不考虑两面性的情况下盲目欢迎新技术。什么将会得到加强？什么将会被削弱？什么又将会被取代？的确，少就是多，但是总不能少到一无所有吧！只要设计酒店依然流行，它就不愁没有客人，但是新奇会渐渐淡去，人们的基本需要却不会。不管人们对品位有多少种不同的定义，仅仅以设计为目的进行设计肯定是不行的。

2005 年，在其他方面颇有判断力的《金融时报》在一篇社论中说，炫耀性消费已经过时，取而代之的是通过“奢侈体验”实现的自我满足，它还提到阿玛尼和宝格丽等品牌都已经进军豪华酒店。“奢侈体验”受到的重视可能越来越高，但仍不会取代其他形式的炫耀性消费。

5. 时尚、建筑和艺术

在一本关于艺术与时尚的新书中，作者亚历克斯·科尔斯（Alex Coles）提到了传奇艺术批评家克莱门特·格林伯格（Clement Greenberg）：“他说过，‘艺术和有钱人之间总是存在天然的纽带’，但是这一纽带联系的双方也可能是有相当距离的。把艺术引入现实的物质世界中，这一距离就彻底消失了。”科尔斯这里指的是时尚公司在接受艺术的程度方面的“一个重大转变”。

难怪在这个充斥着奢侈品的世界中，各大名牌还要想方设法吸引顾客。奢侈品市场是饱和的，也就是供大于求的。那么这些品牌应该是解决问题还是寻找新的机遇呢？究竟应该何去何从呢？或者，就像卡尔·拉格菲尔德（Karl Lagerfeld）所说的那样：“怎样才能使人保持旺盛的购买欲呢？”

答案便是寻求艺术与时尚的共存。像唐·裴利农香槟和香奈儿等超级品牌正在采取制作 5 分钟创意短片的形式，为它们的产品营造出一种严肃的艺术氛围。时尚品牌不断借助大牌导演和明星为自己造势。澳大利亚导演巴兹·鲁赫曼（Baz Luhrmann）就曾经为香奈儿制作出堪称完美的短片，他通过一系列的奢华场景把片中的妮可·基德曼塑造成了人们的梦中情人。阿玛尼则请来了自己的"心灵伴侣"米歇尔·菲佛（Michelle Pfeiffer），请我们通过她的太阳镜看世界。乌玛·瑟曼（Uma Thurman）是豪雅表的全球品牌大使，乔治·克鲁尼（George Clooney）的魅力则融入了奈斯派索咖啡的香味中。酩悦·轩尼诗–路易·威登集团的让·马克·拉尔夫（Jean Marc LeCave）说："现在我们需要的是国际明星，东京、上海、纽约和巴黎的人们都熟悉的明星。"

卡尔·拉格菲尔德曾经为唐·裴利农的DP98香槟拍摄过一组图片，并把它们组合成了一幅新的画面：优雅的香槟、美女、时尚的生活方式以及人们对这种遥不可及的意境的向往。卡尔·拉格菲尔德的作品为那些梦想着童话生活的人们提供了一种生活方式。

安迪·沃霍尔（Andy Warhol）曾经说过："时尚已经不再只是你穿的衣服。它是我们前进的全部动力。"

联盟中的第三元素

艺术和金钱之间的纽带再没有像在漫长的封建社会中那样更加紧密的了。历史上哪一个国王和王后、主教和当权者周围没有艺术、诗歌、音乐和伟大建筑呢？比如，法国国王路易十四的名字就随着最伟大的皇家行宫——凡尔赛宫而流芳百世。当今的上流社会，商业和时尚界的有钱人现在也重新回到这一潮流，把艺术、时尚和建筑用金钱这一纽带结合在了一起。

当走在巴黎的“金三角”：蒙田大道、乔治五世大道和弗朗索瓦一世大街时，你会发现这里的时尚界顶级品牌就像电线上的麻雀一样密密麻麻：迪奥、香奈儿、罗莎、爱马仕、卡地亚、普拉达、三宅一生、山本耀司等。

在这奢华的环境中，仍然有一座7层建筑非常显眼，那就是路易·威登的艺术超级旗舰店，它的面积是世界上单个品牌所占空间最大的。在这座建筑的顶层，威登建造了一座严肃艺术馆——E空间文化路易·威登。圆形大厅高4.8米，面积400平方米，非常宽敞。站在露台上还可以俯瞰巴黎，视野相当开阔。客人们可以从商店内部进入艺术馆，也可以从巴赛努大道58号直接进入。乘坐由丹麦艺术家奥拉维尔·埃利亚松（Olafur Eliasson）设计的电梯本身也是一种别样的体验。电梯是隔音设计的，里面没有一丝光亮，在上升的20秒钟时间里，“客人们被邀请体验自己内心的发现之旅”。这并没有什么，只是如果你的内心世界十分丰富，那么20秒钟的时间就太短了。

2006年1月，当我们参观路易·威登的时候，开启的电梯门一下把我们从自己的内心世界直接推进到了瓦妮莎·比克罗夫特（Vanessa Beecroft）的裸体空间中。比克罗夫特已经完成了与威登的合作，创造了这些全新形式的艺术品。它由13张照片组成，其中威登的标志和名字都是由女性裸体拼出的。“裸体也已经成为一种服装，就像童话《皇帝的新装》那样。”比克罗夫特解释说。

比克罗夫特这位意大利出生的艺术家以在美术馆和博物馆中进行面容姣好的女性模特的裸体设计而闻名。2005 年 10 月，香榭丽舍大街小皇宫博物馆附近的路易·威登新店盛大的开业庆典上就上演了她设计的几近裸露的模特表演，给大家留下了深刻的印象。

路易·威登美术馆每年都有 5 次展览，集中在 4 个主题上：经典、艺术、时尚和旅行，这也是贯穿于威登品牌 150 年发展历史中的主题。总裁圣·卡斯利（Yves Carcelle）在公司内部说过：“很久以来大家都知道豪宅可以是一个载体，使人们接触艺术，特别是现代艺术。博物馆的氛围有时可能有点压抑，人们可能根本不敢多说话。但在这里你就可以，这里有着与博物馆不同的艺术气氛。”这家店本身就充满了由当代知名艺术家们所创造的前卫艺术。艺术界会有人责怪这些艺术家在出卖自己的艺术吗？也许吧。瓦妮莎·比克罗夫特这样总结了这种矛盾：

> 资产阶级喜欢利用知识分子来净化自己的灵魂。他们认为前卫的作品对自己的形象有好处。他们在利用我吗？当然，而且还相当廉价，因为他们给的价格并不高，就像博物馆一样。但是，有时我也喜欢被利用。在商店中我感受到一种威胁——太多的鞋子，太多的包、太浓的艺术气息，但是我喜欢这种感觉，就像是在战场上一样。

负责这家商店室内设计的建筑师彼得·马瑞诺（Peter Marino）

则这样反问："当文艺复兴时期的伟大画家们美化美第奇大教堂时，他们也在出卖自己吗？"然后他回答说："不，他们创造的是流芳百世的作品。我们与他们的不同就在于，现在指挥我们的不再是教皇，而是大公司了。"

这种艺术与金钱之间的纽带仍然是存在的。

大约一个世纪之前，马里奥·普拉达在意大利创建了普拉达这个品牌。从1978年开始，马里奥的孙女缪科雅（Miuccia）开始接管公司。在她的领导下，普拉达已经成为引领设计和服装潮流的弄潮儿。1997年，她和帕特里西奥·贝尔泰利（Patricio Bertelli）一起创建了一个重要的意大利艺术馆——普拉达基金会，并且重新改造了当代艺术基金会Prada Milan Arte，每年举办两次国际艺术家作品展览。

当你走进雷姆·库哈斯设计的纽约普拉达商店时，又是一种不同的体验。它是斥资4 000万美元建造的，总面积为2 137平方米，却什么东西都不卖，只是为顾客提供一种视觉享受来欣赏、赞扬普拉达的时尚。"这非常符合一个奢侈品牌的策略，因为你必须要为顾客提供所有独一无二的奢华体验。"普拉达这样解释。

对于普拉达来说，这些商店是很重要的沟通手段："因此，我们得到的回报不能仅仅靠在这些商店里卖出去的手袋的数量来衡量，它们为我们的品牌形象做出的贡献也很重要。"而且，事实上，当普拉达纽约店在2001年10月开业的时候就受到了公众的广泛关注。"这就是一次永无休止的展览。"《纽约时报》的建筑批评家赫伯特·马斯卡姆（Herbert Muschamp）这样评价它。很多名人都参加了它的开业典礼，其中就包括当时的纽约市长鲁道夫·朱利亚尼（Rudolph Giuliani），这似乎说明它已经部分达到了自己的目的。

普拉达仍然在发展，自从纽约店开业以来，又有两家旗舰店开业，一个是赫尔佐格和德·梅隆设计的东京店，另一个是雷姆·库哈斯和奥雷·舍人（Ole Scheeren）设计的旧金山比佛利山店。

这样看来，弗兰克·格里的毕尔巴鄂博物馆已经实现了对时尚界的贡献。三宅一生就感染了这种“毕尔巴鄂热”，它位于纽约翠贝卡区普拉达旁边的商店就是一个证明。这家商店在购物与娱乐之间实现了微妙的平衡。不管是你去购物还是闲逛，进入这个纯粹的格里空间后你都会瞪大眼睛，你会发现一个巨大的钛旋风在这个两层楼、278 平方米的商店里盘旋而上。是奢侈品商店设计进入了毕尔巴鄂时期，还是毕尔巴鄂热一时的狂妄与放任呢？弗兰克·格里说道：“我想我和三宅一生在工作上所追求的目的是一致的。我们都竭力表达运动的概念，并且使用从未用过的新材料。”

奢侈品商店的设计潮流已经向普通零售店渗透。面对奢侈品和网上购物的双重夹击，普通零售商品的设计已经越来越重要。

6. 音乐、视频和电影

任何时间、任何地点

1957 年，随着扑通一声，硬币消失在投币口中，机器也开始运转了。一排印有数字的方形按钮正在急切地等待着。滴答，滴答。像士兵一样排列整齐的黑色圆盘开始缓缓前进，咔嗒一声突然停止。一条半圆手臂出现了，它紧紧拥抱了一张碟片，把它抬起来，放在一个旋转的圆盘上。另外一只末端带有指针的细长手臂慢慢落下，直到指针轻轻触到平稳转动的碟片的凹槽。咔嗒，咔嗒。直到音乐响起来，淹没了碟片转动的声音。它就是自动唱片点唱机。

现在的点唱机的体积已经大大缩小，功能却增强了。戴尔的自动点唱机，简称 DJ，它只有一副纸牌大小，却可以连续播放 16 个小时。但是仅仅有音乐是不够的，它还需要视觉效果，所以我们有了音乐电视，也就是 MTV。在向全球性视觉文化的转变过程中，MTV 做出了巨大贡献。

开始的时候，MTV 播放的几乎都是音乐电视，每三分钟就放一首流行歌曲，这无疑会改变我们的视觉文化，对市场产生强烈影响。

“在变幻无常的音乐市场和电视行业中，MTV 却一直经久不衰，这都要归功于一种非凡的心态：24 年来一直坚持频道本身就是明星。”《纽约时报》的凯特 · 阿瑟（Kate Arthur）这样写道。歌手们是后浪推前浪，但 MTV 经受住了考验。

MTV 电视网络现在在全球有 112 个频道，其中包括美国喜剧中心和国际儿童频道 Nickelodeon 等知名频道。应该说，MTV 推动了设计文化的前进，并且缩短了观众的注意时间。

“视频脱离了自己的母体，开始了自己的精彩生活。”在 2005 年

7 月 31 日的《纽约时报》上，乔恩 · 卡拉马尼卡（Jon Caramanica）这样评论道。视频悄悄地迅速占领了电视荧屏。它还刺激着全球视觉市场的开发，王子乐队、迈克尔 · 杰克逊和麦当娜等明星都通过视频树立了自己的新形象。就像卡拉马尼卡指出的那样，视频现在已经成为唯一能够真正占领所有屏幕和电子设备的媒体形式。

视频 iPod 的出现更是把流行音乐中的两个发明结合在了一起，使得人们可以在手掌之中享受整个视频世界。你还可以在电脑上安装网络摄像头，直播你自己的真人秀，成为名人。互联网已经成为真假明星的热点。尽管似乎有些凌乱，但是人们获取视频资料的速度将会更加迅速，从而推动社会视觉化的发展。你还可以把最新的音乐电视从 Yahoo!、美国在线和 YouTube（视频网站）等直接下载到你的 iPod 上。而且，这一技术仍在不断发展。

作为艺术形式的视频游戏

视频游戏已经占领了一度由电视所占用的空间和时间，它作为一种艺术形式正在受到人们越来越多的关注。美国人现在在视频游戏上的花费已经超过了在电影上的费用。而且，威斯康星州大学的詹姆斯 · 保罗 · 吉（James Paul Gee）教授认为，视频游戏已经成为“35 岁及更年轻的人们的主要文化活动，而上一代人所关注的是电影和文学作品”。

在媒体的发展历史中，新的媒体形式最初总是要借鉴现有的媒体形式的内容。比如说，收音机开始的时候广播过戏剧，电视也播放过由电台节目改编的电影和一些老电影。视频游戏也曾试图借鉴电影的元素，却以失败告终。其中比较著名的一个就是根据电影《外星人》（*E. T.*）设计的游戏成为游戏史上最惨痛的失败。但是，游戏商 gameLab 公司的埃里克·齐默尔曼（Eric Zimmerman）认为，大公司仍然不会放弃对电影的借鉴。他说，令人们欢呼的动力是“对情绪描述的错误理解”。齐默尔曼认为：“游戏的本性决定了人们对它的情感投入。游戏是动态的，是互动的系统。这是电影所无法做到的。”齐默尔曼还补充说：“除了打斗之外，我们真不知道该做些什么游戏。”

大导演史蒂文·斯皮尔伯格对游戏行业也投入了很大热情，他认为“当人们承认自己在通过第 17 关后大声欢呼”后，游戏产业才算成熟。

在 2005 年 12 月 4 日的《纽约时报》上，约翰·利兰（John Leland）发表了一篇名为《作为艺术家的游戏玩家》（*The Gamer as Artist*）的佳作。在文章中，他提到博物馆展览、学术会议和大学课程都已经把游戏作为艺术来进行分析。2004 年在斯坦福大学举行的一次名为“故事引擎”的会议就认为，打游戏也是一种创作故事的形式：“在这个时代中，书、报纸、电影和网络等媒体中的故事都是由作者设计好了的，因此它们的读者或观众正在节节下降。”

未来的故事将会以什么形式出现呢？想要预测未来的话，我们首先要看“比赛结果”。美国 2005 年的视频游戏销售额已经超过了 100 亿美元，两种最受欢迎的游戏机 PlayStation 2 和 Xbox 的生产商正在加快研制新的游戏机。两款卖得最好的游戏是《侠盗猎车手：圣安德烈亚斯》（*Grand Theft Auto: San Andreas*）和《光环 2》（*Halo 2*），它们的销量都超过了 500 万。也许这本书的读者中还没有一个人玩过这些游戏，但对于世界各地的许多年轻人来说，情况就大不相同了，它们都是视觉文化的一部分。

电影

就在每个人都对视觉社会将会走向何方而困惑的时候，好莱坞在 2006 年 1 月却有了新动作。《气泡》（*Bubble*）讲述的是在俄亥俄州的一个小镇上发生的一起神秘谋杀案，它是电影界进行全球同步发行的第一部电影。也就是说它不仅会在电影院和付费电视频道上映，还会同时出售 DVD。

《气泡》的网络合作商托德·瓦格纳（Todd Wagner）认为这一举动标志着电影业终于进入了数字时代。“在我看来，这个时代已经明显发生了变化，”他说，“好莱坞正在改变销售自己产品的时间和地点。电影界的以往做法就好像是告诉顾客，如果你喜欢电台的那首歌的话，你得等 5 个月之后才能买到它。”

环球影片公司的董事长兼首席运营官里克·芬克尔斯坦（Rick Finkelstein）在强调这种变化时说：“最终我们将拥有家庭电影网络系统，人们可以在任何地方利用任何仪器看到自己想看的任何电影。”

那么，“比赛结果”究竟是什么呢？从 2003 年开始，美国电影的票房收入每年大概都在95亿美元左右，而2005年仅DVD的销售就达到了150亿，比2004年上升了30%。DVD的发行种类也从1997年的1 500种上升到2005年的11 000种。沃尔玛超市是世界上最大的DVD销售商。

下一个大动作就是：通过卫星数字手段把电影直接输送到全世界接近110 000家电影院的大屏幕上。DVD也是娱乐分散化全球趋势，也就是说，从大众娱乐到大规模的个人娱乐的一个重要部分。这是一个全新的产业。事实上，仅2003年一年，消费者所购买的家用DVD的价值就超过了144亿美元。这比他们花在电影院里的钱要多出几十亿美元。

美国消费者对DVD的大规模收藏是人们始料未及的。尽管DVD不失为一种不错的家庭娱乐方式，但是它们缺少鲜明的内容和互动性。

最后，由于全球富裕程度的提高，中产阶级对于电子设备和娱乐的需求也迅速扩大，从而使得新技术迅速被市场所接受。中产阶级的这种需求非常强，它甚至推迟了不可避免的新的技术标准之战。在早期，标准就由政府来决定，虽然没有一个政府可以准确预测大量潜在消费者的需求和期望。

现在，标准是由市场来决定的，因此，从大范围来讲，它只能由消费者来决定。这是一种无法抵抗的全球性趋势。电影界谈论已久的技术与娱乐的结合是一个动态的过程，每一步都会影响下一步的实施。

总之，这一过程必须充分考虑消费者的需求，这样新技术才可能最终取得成功。我们正逐步迈向高端媒体时代，市场将会最终决定谁才是最终的赢家。

7. 摄影角色的转变

你可知道，那柠檬花开的地方？
暗绿的密叶中映着橘橙金黄，
怡荡的和风起自蔚蓝的天上，
还有那长春幽静和月柱轩昂——
你可知道吗？
那方啊！就是那方，
我心爱的人儿，我要与你同往！

歌德（Johann W. Goethe，1749—1832）

许多世纪以来，人们都是通过别人的眼睛来探索这个世界的视觉之美，比如通过画家的画笔或者勇敢的旅行者的生花妙笔。于是，马可·波罗为我们描绘了一个神秘的中国，歌德把我们带进了他的故乡意大利。但是，由于受到个人经历和情感的影响，这些画面与现实可能并不完全相符。后来，摄影技术的诞生使得人们可以更加真实地记录这个世界了。

电视的普及使得人们在卧室中就可以欣赏到遥远的国度和文化，但是摄影并没有因此而消失，只不过它的角色开始发生变化。

> 摄影就是发现的过程。我们不仅拍摄我们了解的事物，还拍摄我们不知道的。
>
> 莉赛特·莫德尔（Lisette Model），1901—1983 年

莉赛特·莫德尔 1901 年出生在一个富有的威尼斯家庭中。她创造了一种直观的摄影方法，用自己的禄来福来反光照相机全身心地投入到摄影中。1958 年，一组关于社会边缘人群的系列照片使她声名大噪。

大约在同一时间，也就是 1957—1960 年，年轻的黛安娜·阿勃斯（Diane Arbus）正在位于纽约的新学院学习摄影。莉赛特·莫德尔正是她的老师。阿勃斯在中央公园西路富有的上流社会中长大，物质方面应有尽有。父母把她送进了纽约最好的进步学校。她对摄影的理解与老师莉赛特·莫德尔有异曲同工之妙：

> 拍摄糟糕的照片也很重要，因为这对你来说是全新的体验。它们可以拓宽你的视野。
>
> 黛安娜·阿勃斯（Diane Arbus），1923—1971

纽约的现代美术馆称她为“20 世纪最有原创精神、最具影响力的艺术家之一”。2005 年 3 月到 5 月，现代美术馆举办了“黛安娜·阿勃斯：启示”展览。

在顶级摄影市场上，她的一张照片《双胞胎、玫瑰茄、新泽西》（*Identical Twins, Roselle, New Jersey*）在苏富比的最近一次

拍卖中以 478 400 美元的高价售出。罗伯特·梅普尔索普（Robert Mapplethorpe）1986 年拍摄的《马蹄莲》（*Calla Lily*）也在同一次拍卖中拍得了 242 700 美元。现在，七位数的价格对于这些作品来说已经成为惯例。1999 年，曼·雷（Man Ray）的作品《玻璃眼泪》（*Glass Tears*）中为人们所知的 6 张照片中的一张更是以 130 万的天价售出，创下了当时单张照片售价的最高纪录。现在人们已经可以对数码照片进行随意处理，这更使得这些老照片显得真实和宝贵。但是数码照片也相当有市场。1997 年，安德烈亚斯·古尔斯基（Andreas Gursky）拍摄的巨幅照片在经过数码处理后卖出了 613 000 美元的高价，在同时代摄影家中创造了一个新纪录。

摄影是经历了一个艰苦的过程才被纽约的现代美术馆所接受的。当 1929 年阿尔弗雷德·巴尔（Alfred Barr）创立这个美术馆的时候，他把建筑和摄影作为了视觉艺术文化的基础，使摄影成为美术馆的一分子。2004 年，美术馆举办了一次时尚摄影展，以此来庆贺自己的首次大型时尚摄影展，但是它没有引起人们的共鸣。这次名为“时尚虚构”（Fashioning Fiction）的展览非常乏味且自命不凡。因为纽约现代美术馆和其他的博物馆在最近几十年中已经多次展出过充斥着索然乏味的作品和摄像的“当代艺术”展，这次展览的到来并不怎么合时宜。这毕竟是一个开始，虽然有人认为如果美术馆不是暂时搬到皇后馆（因为曼哈顿的主馆正在重新设计），也许根本就不会有这次展览。

2006 年 2 月 14 日，在纽约的一次苏富比拍卖会上，一幅拍摄于 1904 年的照片卖出了 292 万美元的天价，刷新了有史以来单张照片售价的世界纪录。它就是由 20 世纪美国首位摄影大师爱德华·斯泰肯（Edward Steichen）创作的《池塘月光》（*The Pond, Moonlight*）。这样的一个价格表明人们至少下意识地认识到我们所处的是一个视觉社会。

8. 美国美术馆的民主化

近年来，纽约市美术馆的人气比这座城市所有体育赛事的总和还要旺。美国博物馆的数量正在迅速增长，而且其中的许多都是大师之作。巨型艺术展览经常会刷新参观人数的最新纪录。纽约古根海姆博物馆的各个分馆正像雨后春笋般在世界各地兴起，其中最著名的当然是弗兰克·格里所设计的位于毕尔巴鄂市的古根海姆博物馆，每年的参观的人数都会超过 900 000 人。其他的分馆分布在威尼斯、拉斯维加斯和柏林，而且，里约热内卢、中国香港、圣彼得堡、瓜哈拉哈拉的分馆也正在筹划当中。艺术圈里流传的一个笑话就是，最终古根海姆博物馆的分馆将会比遍布大街小巷的麦当劳还要多。

当代艺术已经成为上流社会所追逐的时尚。就像埃玛·克里奇顿–米勒（Emma Crichton-Miller）在《金融时报》里所写的那样：

> 当代艺术既不是产品，也不是私人的文化娱乐，它已经

成为一种生活方式。用游艇、跑车或者赛马来显示自己时尚、富有和成功的时代已经过去了。现在人们炫耀的是自己的艺术品收藏。让你出位的是格哈特·里希特的油画或者村上隆（Takashi Murakami）的雕塑。艺术馆已经成为现在上流社会的中心。

金字塔顶

在当今的视觉世界中，美术品市场是一个激动人心的游戏场，而且拍卖行卖出的画作与塑像的价格忠实地记录了“比赛结果”。这些作品的拍卖价格不断创造新高，而且新的世界纪录很快就会被打破。

2005 年夏天在伦敦举行的一次苏富比拍卖会上，基斯·凡·东根（Kees van Dongen）1906 年所作的一幅妓女画像卖出了 92 万美元，保罗·西涅克（Paul Signac）1886 年的一幅风景画拍出了 66 万美元。在不久后的一次苏富比拍卖会上，又诞生了两项已故大师作品售价的世界纪录，两幅作品都来自以画威尼斯风景而闻名的意大利艺术家卡纳莱托（Canaletto）。第一幅画创作于 1754 年，卖出 200 万美元的天价，另外一幅《从巴尔比宫眺望大运河》（*The Grand Canal from Palazzo Balbi*）更卖出了 326 万美元，打破了刚刚由第一幅作品创造的世界纪录。

对于梵·高和毕加索作品的天价人们已经见怪不怪了。比如，毕加索的《拿烟斗的男孩》(*Boy with a Pipe*)在2004年以1 040万美元的价格成交。但是，随着供应的减少和人们富裕程度的提高，许多艺术家的作品价格还会继续飙升。2006年6月，化妆品大亨罗纳德·兰黛(Ronald Lauder)以1 350万美元的价格买下了奥地利大师古斯塔夫·克里姆特(Gustav Klimt)创作于1907年的作品《阿德勒布洛赫–鲍尔夫人的肖像》(*Adele Bloch-Bauer*)，又一次刷新了单幅画作售价的世界纪录。

总统奖章

我必须承认自己对于艺术有着狂热的爱好。我收集现代艺术作品的历史已经超过了30年，有时我会说自己写书就是为了买艺术品，它们才是最真实的。对于艺术的热爱也让我麻烦不断。

当我在白宫工作的时候，喜欢在演讲中宣布大事件的约翰逊总统曾宣布过一个新计划：美国总统学者奖。由于我对艺术的兴趣，因此白宫方面请我选择一位雕塑家，在颁发给获得此项荣誉的学生的总统奖章上设计总统画像的雕刻。

于是，我花了好几天的时间给所有我认识的艺术家、艺术品商人和艺术评论家打电话，征求他们的意见。其中他们提到最多的名字就是20世纪最伟大的雕塑家之一：雅克·利普契兹(Jacques Lipchitz)。利普契兹当时居住在纽约，当我打电话请他为总统雕刻一幅画像时，他立刻很愉快地同意了。“非常荣幸。”他说。

杰克·瓦伦蒂(Jack Valenti，后来美国电影协会的主席，当时是约翰逊总统的私人助理）为我提供了许多关于总统的素材，当然都是形象比较好的。我带着它们去了利普契兹，他打算先做一个初步的陶土雕塑。利普契兹又要求去面见总统，以便“为雕塑赋予生命”。我本以为这有点难度，但是白宫方面的消息说总统已经同意。

当时约好的见面时间是星期一，于是我在前一天到纽约把利普契兹接来，安置在白宫附近拉斐特公园对面的海亚当斯酒店。结果星期一我们在休息室等了好几个小时，却在最后被告知总统那天没有空。这样的情形持续了好几天：去酒店接利普契兹，走到白宫，等待，再跋涉回酒店。当时已经 80 多岁的利普契兹一天比一天疲惫，情绪一天比一天低落。

终于，在星期五的晚上 8 点左右，我们被告知虽然总统仍然事务繁忙，但是我们可以在他批阅文件的时候进去旁观。一见到总统，利普契兹立刻变得活力四射，迅速地修改 12 英寸大的初步雕塑。约翰逊总统几乎根本没有留意我们。

在回酒店的路上，利普契兹因为见到总统而兴奋异常。“他真是一个强硬的人物。”他说。

一周之后，我去纽约带回了最终的雕塑。利普契兹刀下的总统果然是一个非常强硬的人物。我们在白宫西翼沃尔特·詹金斯（Walter Jenkins，当时的白宫办公室主任）的办公室中打开了它，当时还有办公室的几个其他人员在场。打开后，我们都被惊得瞠目结舌，最后詹金斯的一位助手打破了沉默：“总统看到这个雕塑的话，利普契兹就真的要有麻烦了。”

果然不出我们所料，总统十分不满，非常不满，但第一夫人为我们挽回了局面。她对总统说，如果拒绝利普契兹的雕塑，就会在艺术界造成非常不好的影响，而他们是总统的重要选民。虽然总统不懂艺术，但他懂政治，于是第一夫人的话奏效了。

在日益增长的视觉需求中拓展机会

全球化和不断发展的视觉艺术的结合产生了一个新的行业：自由国际艺术策划人，他们的任务就是负责策划越来越多的艺术展览。以往，艺术馆的馆长都是固定为某一个博物馆服务的，但是现在他们中的佼佼者已经摆脱了这种束缚，成为自由策划者，为全球每年的200多个艺术双年展服务，其中包括在约翰内斯堡、伊斯坦布尔、开罗、韩国光州、中国台北、横滨和上海（还有广州和深圳）等地的双年展。

颇受人们尊敬的艺术杂志《艺术与拍卖》（*Art+Auction*）十分推崇一位瑞士策划人——哈拉尔特·塞曼（Harald Szeemann），他在20世纪80年代已经成为一位自由策划人，开创了进行大型艺术展览的商业模式。是他使在卡塞尔的文献展获得了新生，并且策划了威尼斯双年展上的“开放”专题。成立于1893年的威尼斯双年展是最早的双年展，宗旨是办成世界艺术品博览会，它于1896年举办了第一次展览。据《艺术与拍卖》报道，“开放”是一次百科全书式的展览，“符合双年展的核心宗旨：突破以国家为单位的展览形式（19世纪世界博览会的模式），重点培养年轻的不知名艺术家。”现在大部分参加巡回艺术展出的行家们都参加过几次双年展的前身——威尼斯双年展的展出（20世纪80年代后的展出我只有两次没有参加），而它的化身们已经分散在世界的各个地方。

但是，不管双年展有多么频繁，它都不可能把所有的艺术品收纳进来。这样就需要一些值得信赖的人去选择、安排展品。艺术策划人应运而生，而且我认为这一行业还有很大发展前途。就像互联网一样，由于当中的大量信息，文字编辑永远不会闲下来。

由企业赞助的展览越来越普遍，比如在古根海姆博物馆举办的由阿玛尼赞助的“摩托车艺术”展览和纽约大都会博物馆由香奈儿赞助的展览等。但是当2005年2月，瑞士联合银行的64件艺术作品在纽约现代美术馆新馆的顶层展览时，《纽约时报》的批评家罗伯特·史密斯（Roberta Smith）却抱怨说这是“对赞助企业的展品令人厌恶的迎合”。现在，这种抱怨已经很少能听到了，而且，事实上，瑞士联合银行的64件展品中的40件都是极品之作。企业也正在从购买艺术品向支持艺术品发展而转变。“大概10多年来，”佳士得公司美洲区主席马克·波特（Marc Porter）说：“美国公司在艺术品买卖市场上都不太活跃。它们的资金都投向了文化项目，而不是自己购买艺术品。”

波特的矛头指向了现在拥有20 000件艺术藏品的大通银行，它如此众多的收藏部分得益于2001年与收藏颇丰的J. P. 摩根的合并。现在它经常会赞助艺术展览，或者展出自己的藏品。

瑞士联合银行是世界上收藏最丰富的企业之一，它现在也开始专注于对艺术展览的赞助。现在，它在视觉艺术世界中收获的是名声，而非金钱利益。

但是现在，许多公司仍然在购买艺术品，特别是德意志银行，它现在已经拥有 50 000 件藏品，是企业收藏者中的老大。负责收藏的弗里德黑尔姆·于特（Friedhelm Hutte）说，德意志银行购买艺术品的目的并不是投资，也不是扩大影响。他认为艺术是“一种情感与精神红利”，而且认为公司对年轻艺术家的支持是一种“社会责任”。

在美国，企业为社区艺术计划提供了大量支持，但欧洲公司在这方面的投入还很少，这也使得德意志银行显得更加突出。迈克尔·克莱因（Michael Klein）在成为微软的艺术策划人 5 年之后说：“我们用了 5 年时间、78 000 封电子邮件、36 000 封信件，收集到了 1 455 项艺术作品。”即使是在微软，生活也不仅仅是“010101”那么枯燥。

当初，克莱因通过了微软的一个艺术委员会的面试，而且“在面试中表现非常棒”，在委员会与克莱因发生分歧后，一位委员会成员郁闷地说。

“我给他们看了一幅我认为应该收藏的作品：亚历克斯·卡茨（Alex Katz）拍摄的一张照片，”克莱因回忆说，“一幅伟大的作品，而且价格不错。但有个人举起手来对我说，‘你不能把自己的审美观点强加到我们身上。’就这样，会议结束了。我告诉微软，要么委员会离开，要么我离开。结果微软希望我留下继续工作。我必须让它明白我是没有办法和一个委员会一起共同工作的。”

于是他留了下来，委员会被解散了。52 岁的时候，克莱因成了闻名全国的企业艺术品收藏的负责人。他的能力的确非常出色，但这并不是他成功的唯一原因。当许多公司的艺术品收藏都在减少甚至消失的时候，微软却还在发展。“它当然会发展，”克莱因说，“自从我来了之后，这里新建了 12 座建筑。我的工作就是通过艺术使它们更加富有魅力。”

给世界上色

政治上的“颜色革命”

2005 年春，《纽约时报》发表了一篇关于世界各地政局动荡的报道，大标题就是：“革命将会出现色彩化。”

我所提出的视觉社会的主题之一就是整个世界的色彩化。顺便提一件非常有讽刺意味的事情：几年前，《纽约时报》自己也迈向了色彩化——首次在新闻版面上使用彩色图片和照片，而且现在它的彩色版面做得相当不错。

毫无疑问，乌克兰的橙色革命大大推进了颜色与激进的政治行为之间的联系。“成千上万身穿橙色服装的乌克兰人根本不需开口，就已经让人们了解到他们的立场。”彩通色彩研究所的总裁莱丽斯·伊斯曼（Leatrice Eiseman）评论说。

自乌克兰的橙色革命以来，一直不断有新的颜色与某项事业联系起来。现在，许多政治运动仍然把自己的活动与不同的颜色联系起来。我记得的在现代社会中第一个用于活动的颜色是黄色，出现在支持菲律宾总统科拉松·阿基诺（Corazon Aquino）的集会上。在伊拉克是紫色，因为投票人在投票的时候需要把他们的手指沾上紫色的墨水，因此它被用来表示自己已经在选举中投票。在伊朗，粉红代表反对，在白俄罗斯是蓝色，吉尔吉斯斯坦则用黄色和粉红两种颜色来表示反对。我们还知道格鲁吉亚的玫瑰革命。在美国，现在也有了红色州和蓝色州的划分。

俄亥俄州伍斯特学院的政治学教授卡伦·贝克威思（Karen Beckwith）巧妙地总结了颜色的力量：

> 政府会做出什么样的反应呢？它是很难被打败的。政府总不能派人四处劝说或强制人们脱下自己的衣服。而且，政府也无法分辨究竟谁是组织者。颜色体现了不可思议的团结。人们知道自己并不孤单。他们甚至都不用任何标志。穿着某种颜色服装的人们本身就是一种无声的抗议。

彩色腕带

2004 年 5 月，耐克生产了 500 万个“Livestrong”（顽强生存）腕带，以此来向成功战胜癌症并且连续第六次获得环法自行车赛冠军的兰斯·阿姆斯特朗（Lance Armstrong）表达敬意。这些腕带以一美元的价格在全国销售，所得款项将会捐给阿姆斯特朗设立的一个抗癌基金会。耐克表示，迄今为止，售出的腕带已经超过了 5 000 万个。

阿姆斯特朗赢得了第六次环法自行车赛和 2005 年的第七次环法自行车赛。他的黄色腕带在这个视觉化程度越来越高的世界中掀起了一次颜色狂潮。戴上这种黄色腕带，你就在告诉周围所有的人，你支持阿姆斯特朗和他抗击癌症的运动。

黄色腕带标志着你是阿姆斯特朗的支持者，而五彩腕带则告诉人们你支持海啸救援活动。希望“让贫困成为历史”的非政府组织则选择了白色作为腕带的颜色，这真的很有趣，因为他们的项目主要是针对以黑人为主的非洲的。体育领域也传染上了这种狂热。戴上一条印有“信任”的蓝色腕带就表明你是芝加哥小熊队的球迷。小熊队去年一年卖出的彩色腕带就超过了 900 万个。

2005 年夏，传达着各种各样信息的腕带遍布了美国的大街小巷。这种通过各种颜色的腕带来标志自己的信念的做法当然很好。从书面文字向视觉世界转化的过程中，所有的事物都会被分配上颜色的意义。

颜色管理

信息视觉化是信息管理中最热门的问题之一。为大量信息所累的公司正在利用视觉化系统来把数据图示化，在这一过程中，颜色的作用也就越来越重要。2005 年 7 月 7 日，伦敦一家电信运营商

T-Mobile 的电话线路业务量激增，接线员屏幕上的警报已经升到了红色等级。不久，英国移动电话服务管理中心就了解到，伦敦以外城市的移动电话业务也出现了大幅增加。T-Mobile 英国线路当天处理的电话业务量高达 8 600 万，预计每 15 分钟的短信数量更是达到 50 万条。由于 T-Mobile 采用了视觉显示系统对当时的情况进行了监视，因此它在电话业务服务上没有出现大的失误。

在处理越来越庞大的信息量时，T-Mobile 和其他许多公司都在采用信息视觉化软件把电子表格和图表数据转换为更加直观的图示或者图解方式。这无疑是视觉社会的一部分，而且它所视觉化的是最重要的信息。T-Mobile 的服务运营主管马丁 · 皮戈特（Martin Pigott）说："人们必须不断地进行思想斗争来决定什么样的信息才是最重要的，才是我们真正需要视觉化的。拥有过于庞大的信息量比过少的信息量还要糟糕。"

我在本章中列举了许多例子来说明这 8 种力量是如何推动我们走向视觉社会的。视觉优势产生的影响可能是显性的，比如说艺术进入消费者世界的加速过程，也可能是人们意料之外的，比如人们阅读量的下降。不管怎样，"思维模式 11：科技，始终源于人性"都变得越来越重要。如果你不仔细倾听我们这个时代的节奏，创新根本无从谈起。我们需要做的就是，跟上时代的节奏，或者在某些情况下通过足够的力量来改变它的节奏。

所应用的思维模式

思维模式1　很多事情变了，但大多数事情没有变：这并不是一个有你没我的世界，文字和图像是可以共存的。但是在很多情况下，书面文字将会被视觉表达代替，文字叙述也会被图解所代替。也就是说，视觉表达将会在与文字的竞争中占优势。我们所要应对的挑战就是确定自己所从事的领域中文字与视觉表达的最佳比例。

思维模式2　未来存在现实之中：当你发现现实世界中的一些变化时，不要忘记寻找支持这一变化的其他证据。本章中讨论的8种力量就是一个例子，向大家演示了现实生活中的零碎片段如何形成一幅关于未来的新画面。推动趋势实现的因素的数量和支持它们的证据的数量可能不尽相同，但是请记住，绝对不要根据一个信号来下结论。

思维模式11　科技，始终源于人性：以科技为驱动的视觉冲击所带来的变化将会对你所处的事业环境和市场环境产生深远的影响。请考虑一下这个问题：由于这些变化，这些环境中什么将会得到加强？什么将会被削弱？什么将会被取代？

第十六章

进化时代：创新的蓄水池

我们正在享受着20世纪末一系列革命性突破所带来的好处。21世纪下半叶将会是一个吸收、发展和完善这些伟大突破的时代。就像蟒蛇可以在消化大象的过程中受益一样，我们也会在消化这些发明的过程中激起新的创新精神。

媒体中不断有关于下一个大事件的大肆宣传，但是一个具体的想法也没有出现，下一个大事件在短期内根本不会出现。那些翘首期盼的人们只会错过那些就在自己眼皮底下的大好良机。

获利的时间

管理大师彼得·德鲁克把20世纪末称为一个“非连续性的变化”时期。非连续性变化的体现就是一系列看似毫无关系的变化，比如政治、社会和经济领域中的意外事件、前卫的新概念和动荡等，人们需要很长时间来适应它。在21世纪初的几年中，世界已经从非连续性变化时期进入一个长期的连续变化阶段。现在，尽管进化时代这一概念还未被大多数人接受，被人低估，但是我们的确已经进入一个进化时代，一个建立在已有发明基础之上的进化时代。

在这样的一个历史阶段，等待下一个大事件就像是等着从天上掉馅饼一样，就像等待戈多一样，但是戈多永远都不会来。继续等待戈多是一种不正确的历史观。它是一种以过去为导向的心态，但是并没有吸取历史的教训。

那么历史告诉我们什么呢？下面我将会带你简单了解一下“下一个大事件”——具有革命性影响的变化，在它之后将会出现非常漫长的进化阶段。

下一个大事件的历史回顾

如果发明和创造的历史可以用地震仪的输入图来表示，我们会发现，在某些时间点上，这条线会在短时间内增大摆幅，然后在接下来很长一段时间内保持持续但幅度不大的运动。毫无疑问，这些剧烈运动是出现在重大革命性突破引起强烈震撼的时候。在接下来长时间的一般运动中，大地逐渐恢复平静，这就是进化阶段。这时，世界的受益程度要远远大于最初的革命阶段。在过去的7个世纪中，革命性突破接踵而来，简直就像宇宙开始了新生一样。

文艺复兴——中世纪早期发展停滞之后的伟大精神解放，无疑是人类智力精神爆发最集中的阶段。开始于意大利北部的文艺复兴在14—16世纪把精神解放之风吹遍了整个欧洲，引进了印刷术，开办了许多一流大学，其中就包括牛津大学、海德堡大学和维也纳大学等。在第一部分的“思维模式6：不要走得太快，免得让人不知道你在哪里”中，我曾提到过哥白尼和伽利略的洞察力仍然太超前了，即使是在诞生了达·芬奇、莎士比亚和邮政服务的文艺复兴的大环境下也是如此。

文艺复兴改变了人们的心态，并打开了通向新机遇的一扇窗。在过了很长一段时间之后，地震仪才又开始有了剧烈反应，这已经是18世纪末了。

如果我们把文艺复兴称作伟大的精神解放，那么下一个革命性阶段就是科技发明时代，这也许是人类历史上科技方面最大的“下一个大事件”。它就是开始于18世纪末的工业革命。以蒸汽发动机的发明为开端的工业革命迅速为我们带来了工业城市、煤气街灯、蒸汽船、铁路、第一个工会组织、自由贸易、棒球、百货商店、摄影、打字机、缝纫机、苏伊士运河以及第一个授予女性的学位（1841年）。这些革命性发明和创新之后是一个长期吸收、发展和完善的过程。我们一直都在吸收、完善工业革命的产物，并且一直在从中受益。

19世纪末，又一次革命性发展浪潮开始了。在19世纪80年代和90年代短短的20年中诞生了5类神奇的发明，成就了我们今天所看到的现代社会，它们是电力、电话、汽车、飞机和收音机。

- 汽车和飞机成为新的交通方式。
- 电力成为驱动几乎所有机器的新能源。
- 电话和收音机成为新的交流方式。

100 多年后的今天，我们仍然在利用这些突破，对它们进行改进和完善的进化过程还没有停止。从革命性突破中获得真正利益的往往不是发明者，而是那些完善、发展这些发明的人。

中国在 15 世纪中期前的 1 000 多年里都可以被称为革命性发明国家。他们的发明包括指南针、火药、造纸术、印刷术、远洋船只、结实的马项圈、瓷器和水钟（关于水钟的发明国，学术界有不同意见，意见集中在美索不达米亚、印度和中国三个地点上）。但是，中国并没有抓住机会完善其中的任何一个。下面，我将用钟表发展的历史来举例说明中国的情况，以及最初的发明要经历很长的进化阶段才能发展完善。事实上，我们永远不知道某个思想或概念是否已经完成了最终的完善。

期望来得总是比较慢

在寻找例子来说明进化过程的持续时间时，我偶然发现了中国的水钟。事实上，在此之前我甚至都不知道这种钟表的存在。我发现，最早有记录的计时器是公元前 3500 年埃及利用日光阴影所建造的原始日晷。2 000 年后，埃及日晷已经能够在天气晴好的时候划分出 10 个小时以及黎明和黄昏时的两个小时。

最早关于水钟的记载是在公元前 1500 年左右。从公元前 100 年到公元 1300 年，希腊人（他们把它叫作水时计）、罗马人和远东地区的人们都制造出了更加精细的机械计时器，主要用来占卜。这些水钟原理不同，但都描绘了天文现象。有些会打铃或者敲钟，有些会有小人儿跳出来，有的甚至还有关于宇宙的星相图。

公元前 1600 年或者公元前 1066 年的（确切时间不定）商代，中国就已经拥有了复杂的水钟。但是，它的使用范围仅仅局限于皇家占卜师，工作原理秘而不宣。它被看作皇家专有，普通老百姓是无法享用的。1088 年，苏颂和同僚们建造了一座非常复杂的水运仪象台。关于它还有一个小故事。有一次苏颂作为使节出使外国，为外国皇帝送去生日贺礼，但是早到了一天。这表明中国的阴历计时不是十分准确。苏颂感到非常尴尬，于是请求皇帝批准建造一座更精确的钟来记录时间和日期。历时 7 年，苏颂终于建成了一座令人叹为观止的水运仪象台。它一共三层，高 35 英尺（大约 12 米），最上层放置着一台浑仪，中层放置着一架浑象。下层可分成 5 层木阁，每层木阁内均安排了若干个木人，每到一定的时刻，就会有木人自行出来打钟、击鼓或敲打乐器、报告时刻、指示时辰等。

欧洲的钟表进化开始于 13 世纪末，文艺复兴刚刚开始的时候。在 14 世纪上半叶，以立轴横杆式擒纵装置来控制速度的大型锤摆机械钟开始出现在意大利几个大城市的塔上。但是和中国人一样，天主教会也不愿公开这项技术，但是进化仍然在继续。

1500—1510 年，德国纽伦堡的钟表匠彼得·亨兰（Peter Henlein）用弹簧代替了沉重的锤摆，从而发明了轻巧的钟表。1656 年，荷兰科学家克里斯蒂安·惠更斯（Christiaan Huygens）发明了第一个摆钟，通过摆动的“自然”周期来计时。在 1675 年左右，惠更斯研制出了摆轮和板簧组件，至今仍应用在一些手表中。他的发明使得 17 世纪轻便手表的误差在一天内不会超过 10 分钟。

国家物理技术学会的网站上为我们讲述了接下来的故事：

> ……1671 年在伦敦，威廉·克莱门特（William Clement）开始把新的锚状擒纵叉应用到钟表中，这相对于立轴来说是一个实质性的进步，因为它减少了对钟摆运动的干扰。
>
> 1721 年，乔治·格雷厄姆（George Graham）克服了由于温度变化带来的钟摆长度变化的问题，把误差缩小到了每天一秒钟。自学成才的钟表师约翰·哈里森（John Harrison）原本是个木匠，他完善了格雷厄姆的温度补偿技术，并且还发明了减少摩擦的新方法。1761 年，他制作完成了一个以摆轮和板簧擒纵装置为原理的航海计时器，并且达到了英国政府的奖励标准。经过实验后，他的天文钟被证实测定纬度的误差不超过半度，在经过许多波折之后，他终于在 1777 年得到了 20 000 英镑的奖金。他的天文钟在颠簸的船上的计时误差一天只有 0.2 秒，基本可以和陆地上的摆钟相媲美，这一误差还不到奖励标准所规定的 1/10。

> 由于西格迈德·里夫勒（Siegmund Riefler）在1889年对钟表技术的改进，一个拥有自由钟摆的钟诞生了，而真正意义上的自由钟摆原理是拉德（R. J. Rudd）大约在1898年提出的……著名的肖特摆钟（W. H. Shortt clock）在1921年刚问世后不久，就凭借自己各方面的优势迅速取代了里夫勒的设计……
>
> 肖特摆钟的性能后来又被20世纪20年代出现的石英表所超越……
>
> 这些石英钟表到现在仍然占据着大部分市场，这是因为它们的性价比较高。但是它们的计时性能已经被原子钟所超越……
>
> 1955年，英国国家物理研究所与美国海军天文台共同制定了第一个铯原子频率标准……到1960年，这一标准经过改善，已经可以写入美国国家标准局的正式计时系统了……2002年1月，美国国家标准局最新的铯原子钟的标准误差已经达到了大约每年300亿分之一秒。

对于钟表历史的短暂回顾，也许可以帮助那些总是以为未来的进化过程会很快结束的人们醒悟过来。耐心一点儿、谨慎一点儿总不会有什么错。如果没有计时器的进化过程的话，我们的现代世界中许多事物就不可能出现。但是那些在钟表进化过程中做出贡献的大部分人都没有因此而发财。任何一个领域的许多进化步骤都会引起人们广泛的激动与热情——当然，也会产生泡沫。

飞跃的时间

如果观察一下新的交通工具的进化历史，我们会发现许多人都在冒险。在美国汽车业发展的初期，在人们因为燃油、型号和设计而费脑筋的阶段，一共有 2 700 多家汽车公司先后成立。经过长时间的发展与波动之后，其中的绝大部分都破产了。现在美国只有 4 家汽车公司，而且其中的两家还不是美国公司。也就是说，2 700 家公司中的 99% 都没有成功。

另外一种交通方式——航空的发展在很大程度上得益于军事。撇开政治因素不谈，我们应该注意到，战争和军事在几个世纪以来都在很大程度上影响着变革和未来的走向。战争总会完善一些新发明。似乎在人们破坏性最强的时候，有时创造性也最强。在当今世界中引领创新潮流的，就是美国。

美国在阿富汗和伊拉克战争期间使用了数字战争手段，其中就包括无人驾驶飞机。五角大楼预测，在 20 年内，90% 的战斗机都会实现无人驾驶。在阿富汗，美国首次使用了无人驾驶的战斗机，由在 10 个时区以外美国本土的飞行员所控制。也许人们接受无人驾驶的民用飞机还需要一段时间，但将来无人驾驶的货机就有可能飞越大洋了。

航空界有个笑话说，未来的驾驶舱里只有一个飞行员和一条狗。飞行员的任务就是喂狗，而狗的任务就是咬飞行员——如果他敢动机舱里的任何东西的话。

飞机的进化历史已经有100年了。在这100年中，自从莱特兄弟的首次飞行以来，航空业就没有挣到一分钱。难怪投资大师沃伦·巴菲特说，如果自己当时在场，一定会义不容辞地把莱特兄弟首次试飞的飞机给打下来。最近当他对一家航空股票进行短期投资时，他解释说自己这是“一时精神错乱”。

航空业没有赢利的部分原因就是每个国家都必须拥有自己的航空公司，它是国家的一面旗帜，一种形象。飞机这一发明的完善还将继续，航空业赢利也还需时日，在建造飞机方面的许多问题仍然层出不穷。2003年的时候，我就曾遇到了规模问题。

许多年来，波音公司和空中客车公司之间争夺航空制造业老大的竞争就没有停止过。那么未来的飞机旅行会是什么样的呢？

空中客车公司推出的是A380，可载客800人，利用传统的中心城市系统把更多的乘客带给自己的顾客——航空公司。

波音公司推出的是787，它的载客量较少（非常符合人口减少的趋势），可以使乘客更加快速、直接地到达目的地。

我是站在波音公司这边的。它的宣传语是：“来吧，坐我们的小飞机更快、更直接地飞到你的目的地吧。”毫无疑问，旅客们最不希望的就是和许多人挤在一起。但这只是我的判断，最终输赢还是由市场来决定。

所有这些事情都不是技术发明者，而是完善它们的人所考虑的。第一架宽体客机并不是空中客车公司所设计的，喷气式飞机引擎也不是波音发明的，罐头汤的概念也不是坎贝尔提出的，汉堡包和快餐店都不是麦当劳发明的，但是它们都成功地发展了最初的设想。

消化时间

在工业革命的一系列方向性突破出现之后，我们的世界花了100多年的时间来消化它们。20世纪上半叶基本上没有什么大事件发生，直到世纪末才出现。这是一个进化的过程，所有人都在完善自己的产品，或者使它们更加具有个性。军用和政府所用的产品得到了极大改善。但是现有产品或服务即使出现再大的量变也无法成为新的大事件。互联网的繁荣并不是大量发明、新的大事件出现的时期。它是建立在已有技术的基础之上的。

- 电视是在20世纪中叶不久前出现的，但是那时人们仅仅把它看作收音机的延伸。直到后来我们才明白它会对我们的生活和社会产生什么样的影响。
- 苏联在1957年发射了人造地球卫星，我们以为这标志着一个太空时代的开始。但事实上，通信卫星带给我们的只是一个信息全球化时代。
- 20世纪40年代，物理学家恩里科·费米（Enrico Fermi）领导的一个科学小组在芝加哥大学建立了自持续链式裂变核反应堆，推进了原子弹和核能的发展。

我们中的许多人都经历了最近一次“发明狂潮”，有些人甚至还参与了它。它出现在20世纪的最后20年中。我们目睹了政治、社会和经济生活中非连续变化的一些表现：信息技术、生物技术、纳米技术、中国的崛起、美利坚帝国的形成、新欧洲的出现、全球化和私有化等。20世纪八九十年代是革命性进步的伟大的20年。

和从最初的机械水钟到原子钟漫长的发展历史相比，文艺复兴后的进化速度明显加快了。

工程师查尔斯·帕森斯（Charles Parsons）在1888年做出了一项伟大的发明：涡轮发动机。在接下来的40年中，他的公司通过一系列设计和工程方面的小改进来不断完善这项技术。这些完善并不是突破性技术，但是已经足可使帕森斯公司在这40年中称霸全球市场。

刀片的发展也非一日之功

金·吉列在1901年发明首个安全刀片70年之后，吉列公司的双刀片才开始投放市场。自此之后，吉列安全刀片的刀头数目就在不断增加。

最近,《金融时报》美国商业编辑丹·罗伯茨(Dan Roberts)写了一篇有趣的专栏文章,回顾了一下刀片发展历史。他说,在1998年锋速3突破刀片推出之后,三刀片成为市场销售量最大的产品。随后,吉列最大的对手威尔金森·斯沃德公司在2003年推出了四刀片剃须刀。于是吉列理所当然地在2005年推出了五刀片的Fusion系列。罗伯茨还提到,以讽刺而闻名的《洋葱报》(*The Onion*)曾模仿吉列首席执行官詹姆斯·吉尔特(James Kilts)的语气发表过一篇文章,说增加刀头是保持公司领先优势的唯一途径:“你们有什么不明白的?如果三刀片比二刀片要好,那么很显然,五刀片肯定是最好的。懂吗?”

就像罗伯茨总结的那样:“(五刀片的)Fusion系列表明,在某些产品领域,我们可能达到了创新的极限。”也许安全刀片领域不久会有下一个大事件的出现,但它毕竟还是经历了100多年的进化历程。

纳米技术,下一个大事件

人造产品都是由原子组成的。这些产品的特性取决于原子的排列。如果把碳中的原子重新排列,我们就可以得到钻石;如果把沙子中的原子重新排列(再加入其他一些微量元素),我们就可以得到电脑芯片;如果把水、土和空气的原子重组,我们就可以得到马铃薯。

纳米专家拉尔夫·梅克莱（Ralph Merkle）说：

现在的制造手段在原子层面上还十分粗糙。锻造、研磨，甚至印刷等程序都是在非常大的原子数量上进行的。这就像是戴着拳击手套来摆积木一样。你的确可以把这些积木堆起来，但是却无法把它们组成自己想要的形状。

将来，纳米技术会帮助我们脱下这个拳击手套。我们将可以非常容易地以较低的成本组合自然的基本元素，这会使我们制造出全新一代的更加清洁、结实、轻便、精密的产品。

纳米技术会：

- 把每个原子都安置到合适的位置。
- 使所有的结构都符合我们所能了解的在分子层面上的物理规则。
- 生产成本不会大大超过原材料和能源的成本。

纳米技术的发展刚刚开始，它的未来还十分模糊。实际上，不仅仅是十分模糊，而且基本是一片空白。它就像是古埃及最原始的日晷，前面的道路还很长。但是，现在大量的资金都投向了它，而且人们对它的期望值也很高。最终我们可能会一无所获，也可能从中大大得益。

现在一些金属布料已经问世，还有一些防污染布料和纳米管材料也相继出现。被称为纳米管的圆柱形碳原子是人们所知道的最结实的材料，科学家已经用几乎 100% 纯纳米管材料制造出了一些线。

纳米技术会像网络一样在经历短暂繁荣后变成泡沫吗？

肯定会的，但不是马上。

但是，现在为得到投资而进行的大肆夸张和一些科幻故事，比如迈克尔·克莱顿（Michael Crichton）的《猎物》（*Prey*）等使得纳米技术的宣传简直无所不在。惠普公司的一则广告上宣称未来它们的电话体积小得甚至可以让蚂蚁使用。

请一定要保持清醒的头脑，因为即使进化过程的速度比原来快了很多，但是许多革命性突破现在也仍然处于非常初级的发展阶段。即使是互联网也是如此。其实这是一个好消息，它为企业提供了许多完善和发展这些革命性突破的机会，当然这也存在风险。考虑到信息技术的本质与特点，最终在经过长时间的震荡期后，有可能只剩下几千个网络公司，但是现在这样一个数百万公司规模的阶段是必经之路。20 世纪的革命性突破已经为 21 世纪的创新定下了基调。

很快出现下一个革命性的大事件是不大可能的。尽管由于变革速度的加快，大量发明集中涌现的时间可能距离我们只有 75 年，甚至只有 50 年，但是肯定不会很快出现。在这个世纪的上半叶，发展和完善已有技术就够我们忙的了。这就像是被蟒蛇吞下的大象一样。蟒蛇吞下了大象，我们可以看到蟒蛇身上高高的突起，这些突破的高高突起也需要慢慢消化和完善，直到它的营养被吸收，突起慢慢变小，以及另外一头大象最终出现。

直面负面影响的时刻

进化过程中也有可能会产生人们预想不到的结果，这就是科技的两面性。在电话发明之前，人们进行交流的一般方式就是写信。这就是为什么在19世纪爱尔兰的都柏林每天都要递送8次信件的原因。我还记得自己在读研究生的时候曾经读过诗人威廉·叶芝（William Yeats）与格雷戈里夫人（Lady Gregory）之间的信件。我偶然注意到，他们之间信件的发送、回信、再回信上的邮戳都是同一天的。许多年后我才了解了这些信件的发送体系。由于电话的出现，信件每天送递的次数越来越少，直到现在每天只有一次。由此带来的后果，意料之外的后果，就是信件艺术的死亡。

以及面对益处的时刻

在英格兰，直到19世纪40年代，如果你想寄封信，你必须要到邮局，然后需要那里的一群职员一起帮你根据送达的距离算出应付的邮资。后来出现了一名叫罗兰·希尔（Rowland Hill）的天才，他发现邮递所有的工作其实都是在寄送和接收的邮局完成的，和距离并没有关系。因此他认为每个人在寄信的时候都应该付相同的邮资。而且由于邮资相同，那么就可以实现事先预付了，于是邮票就诞生了。

现在的电话系统也是如此。打电话到对面街上和大洋彼岸的成本都是一样的。但是电话公司仍然根据距离向我们收费。现在电话费的急速下调是因为竞争，尤其是来自网络电话的竞争。人与人的交流将会重新成为我们未来世界的主要交流方式，所有的电话都将是本地通话。

人们对于过去30年的回顾都集中在我所谓的“硬技术”上：计算机、有线和无线世界、电信，这都是一些生活和工作中所用到的技术，它们极大地改变了我们的工作和生活方式。但是，21世纪将是“软技术”时代，这些软技术不仅会影响我们的生活和工作方式，而且还涉及“我们是什么”的问题，几千年来，上帝都是我们的最高权威。随着达尔文理论的提出，人们开始质疑人类起源问题，而新的生物工艺学又将我们置于决定自己命运的转折点上。

提出质疑的时刻

微生物工程这门改变世代相传的基因编码的科学的重要性将会超过以往所有技术，但是它也有可能会把人类推向一个无底深渊。

21世纪人们所面临的一个困境将是，尽管微生物工程可以使我们治疗并且最终消除如阿兹海默症、唐氏综合征和帕金森症之类的疾病和紊乱，但是它也会使我们把人类变得更高、更强、更聪明、更漂亮。总之，我们将可以创造出完美的人类。这当然是优生学所希望看到的。希特勒就有这种想法，但是他没有技术。而现在技术来了！

一旦迈出第一步，我们就无法再回头。关于这一问题的讨论将会导致科学与宗教、可行性与人性的剧烈碰撞。这种碰撞很可能会动摇诸如伽利略和达尔文时代人们的基本信仰和价值观。

随着人类基因组的绘制，科学家们将会掌握我们身体组成的关键，秘密将会被揭开。但是我想我们还不能太自信。科学家们还没有揭开人类的心灵之秘、精神本性，这些问题都将困扰我们。这个世纪的一个大问题其实也是个老问题，虽然更加紧迫：人类的存在到底意味着什么?

深信物种演变的达尔文也深知自己的观点对于一个信奉上帝的虔诚世界来说是大不敬。基督教徒们在努力服从上帝，科学家们在努力寻求自然的规律。

在智力与灵魂、科学证明和宗教信仰的矛盾之间挣扎的人并不太多。但是，我们所有的人都面临着在进步与恒定、雄心与沉思、高科技的丰富与高情感的缺乏之间达到平衡的挑战。我们关心自己的物质财产，却经常忘记滋养自己的灵魂。

我曾经在剑桥生活过很多年，在与彼得·圣吉的一次交谈中，他向我推荐了一封信，是一位撼动了人类起源与命运基本观点的科学家查尔斯·达尔文在晚年所写的：

> 在三十几岁以前，诗歌带给我的是巨大的快乐。但是许多年以来，我已经一行诗也看不下去了。我的大脑似乎成了只会从大量事实中总结规律的机器了，如果我能够重新活过，我一

定要每星期都读些诗，听些音乐。这些品位的丧失就是快乐的丧失，而且有可能还会损害我们的智力，更可能损害我们的道德，因为我们天性中的情感部分会因此而衰弱。

不管未来是什么样子，没有了快乐，它就一文不值。

所应用的思维模式

思维模式 11　科技，始终源于人性： 如果需要是发明之母，那变化就是创新之父。发明创造对于商界来说意味着无限福音。我们所处的进化阶段就是“摘下成熟果实”的阶段，这些“果实”的种子都是在 20 世纪末的革命性突破阶段种下的。“科技，始终源于人性”还意味着你应该敞开心态来迎接隐含在对前一个大事件的漫长消化过程中的所有机会。

思维模式 4　勇于追求，错又何妨： 不入虎穴，焉得虎子。如果你害怕犯错误，你将无法利用这个进化时代所提供的机会。

想起爱因斯坦，我不禁想把这个时代比作布满各种成熟果实的果园。在问题解决者还为已经掉下的果实担心时，机遇寻找者已经在寻找那些新的可以采摘的果实了。建筑在 20 世纪末革命性时代基础上的创新蓄水池在为我们提供可以采摘的果实，至少可以供我们利用大半个世纪。

致 谢

在许多方面，书都像自己的孩子一样。问世之后，它们都需要不断地滋养和扶持才能发展、成熟。而且和孩子一样，书也是 DNA（脱氧核糖核酸）与教育和环境因素影响的共同结果。

回想本书的写作历程，它的 DNA 在很多年前就开始出现了，但是大部分因子在书的结构还没有定下来之前还都处于分散状态。结构一定下来，书就迅速成形了。

首先我要感谢我的妻子多丽丝·奈斯比特。我的前一本书是在 1999 年出版的，如果没有她，我可能根本不会继续写作，这本书也就不会问世了。多丽丝是我的德文出版人，在 1995 年出版《亚洲大趋势》时我与她相识的。2000 年，我们在多瑙河边一个有着 1 200 年历史的美丽村庄——杜恩施坦结婚了。这对我来说是一个新的开始，与漂亮、聪明的妻子携手开始了新的旅程，在欧洲开始了新的生活。这本书也是新旅程的一部分。我们一起思考，一起写作，因此这本书属于我，也属于她。我会永远对她心存感激，不仅因为她帮助我重新开始写作，而且还因为她带给了我美丽的新生活。

就像许多人都会影响孩子的成长过程一样，在本书的写作过程中也有许多人提出了宝贵的建议和好的想法。

我非常感谢我的经纪人吉姆·莱文（Jim Levine）。这位优秀的经纪人为我们从众多出版社中选中了哈珀·柯林斯出版社，而且他还是位出色的评论家、写作过程中热心的支持者。他不仅是位经纪人，而且还是我的良师益友，为我提供了有力的支持和必要的帮助。

我还要感谢哈珀·柯林斯出版社的工作人员。首先要感谢的是总裁乔·特西弗（Joe Tessitore），是他在法兰克福书展上与我签下了本书的合同。我们的第一位编辑赫布·沙夫纳（Herb Schaffner）是本书的一大功臣，在离职去另外一家出版社之前阅读了本书的整个草稿，并且提出了宝贵的建议。我们的第二位编辑——编辑主任马里恩·马内科（Marion Maneker）为本书的出版提供的帮助和支持已经不可能更完美了。我还要对其他工作人员表示深深的谢意，他们是：利比·乔丹（Libby Jordan）、乔治·比克（George Bick）、安吉·李（Angie Lee）、拉里·休斯（Larry Hughes）、塞西莉亚·莫利纳瑞（Cecilia Molinari）、杰米·B（Jamie Brickhouse）、亚历克斯·S（Alex Scordelis）和费利西娅·沙利文（Felicia Sullivan）。

我要把特别的谢意献给我的好朋友斯宾塞·约翰逊——《谁动了我的奶酪》一书的作者，是他建议我把本书的名字定为“Mind Set!”。不仅如此，深谙图书之道的他从一开始就为我们提供了许多出色的建议，以读者的利益为写作的重点。

我的知己、前驻苏联大使史蒂夫·莱因史密斯（Steve Rhinesmith）参与了我大部分图书的写作，给了我莫大的支持。他多次阅读了本书的修改稿，为我提供了宝贵的反馈意见。长期担任檀香山日美管理学院院长的格伦（Glenn Miyataki）在2005年1月发起了一个日本和美国首席执行官论坛，就是在那次论坛上，我第一次向商界介绍了我的这些思维模式。斯坦·戴维斯（Stan Davis）在早期的关键时期阅读了草稿，并且为我提供了睿智的建议和指导。

我还要感谢我的女儿克莱尔·施瓦冬（Claire Schwadron），是她在管理我们在美国的事务，在过去繁忙的一年中经营得十分出色。另外还要感谢我的儿子戴维和儿媳谢利，他们都阅读了最初的草稿并且给出了反馈意见。戴维是一位美国空军上校，现在正在阿富汗的贾拉拉巴德市服役。

在欧洲的朋友中，我要特别向作家兼记者塔加那·哈勒克·施罗德（Tatjana Halek-Schroeder）表达感谢。她的文章就像莫扎特的音乐一样美妙。我书中引用的诗歌和隐喻就是从她那里得来的灵感，她还以记者的敏锐眼光为本书的草稿提出了意见，并且以对文字的热爱给予了本书莫大的支持。她的丈夫丹尼尔·施罗德（Daniel

Schroeder）也总是在我的电脑出问题的时候赶来救我们于水火之中。

我30多年来的瑞典老朋友斯文·阿特哈德阅读了好几次修改稿，并且提出了建议。非常感谢他热心的支持和批评建议。

我们在维也纳的朋友托尼·奥夫纳和玛丽亚·莱尔也阅读了整个草稿，提出了许多发人深省的建议，给了本书莫大的帮助。在导言中，我曾经提到是托尼的问题让我想到了思维模式这个概念。玛丽亚是来福光学有限公司的首席执行官，我在思维模式9中曾经讨论过该公司的例子。她给我提出了许多关于在欧盟成员国之外经营国际企业所面临的挑战的实战评论。奥地利最大的生物公司Intercell的首席财务官、前麦肯锡合伙人沃纳·兰萨勒（Werner Langthaler）在许多问题上改进了我们的观点，提供了热情的支持。刚刚从瑞士化妆品公司La Prairie卸任的前任首席执行官哈拉尔德·斯托曾伯格（Harald Stolzenberg）与我们分享了他多年的国际经验。我们还与佩特拉·戈特（Petra Goette）和恩里科·卡西阿尼（Enrico Cucchiani）在意大利科木湖边度过了一段愉快的时光，讨论本书的初步想法。马克辛·马滕斯帮助我们看到了时尚界的幕后世界，我们也非常感谢她为我们安排了与欧洲和美国设计师们的会面。

多丽丝的女儿诺拉·库雪拉（Nora Kutschera）作为一位东欧媒体顾问为我们提供了关于东欧国家的思维和实际操作的许多信息。

最后，我还要特别感谢两位来自维也纳大学的出色的研究助理：费边·施罗德（Fabian Schroeder）和费迪南德·劳赫（Ferdinand Rauch）。他们在过去三年中为我们提供了莫大的帮助。在费边去巴黎深造之后，年仅20岁、正在攻读博士学位的费迪南德接替了他的工作，成为我们可靠的、进取精神十足的助手。他和他的弟弟还为我们带来了年轻一代的观点与思想。这些精通好几门外语的年轻人无疑是世界经济中的宝贵人才。